LES PLUS BEAUX POEMES ROMANTIQUES
« ROMANTISME ET NOSTALGIE »

anthologie

Tous les grands écrivains ont été romantiques de leur temps.

STENDHAL

philippe héraclès

les plus beaux poèmes romantiques

« romantisme et nostalgie »

préface de Gonzague Saint Bris

anthologie

le cherche midi éditeur
23, rue du cherche-midi 75006 paris

édition originale

NOSTALGIE ET ROMANTISME
OU
LA POÉSIE DU ROMAN DÉSORDONNÉ

En 1799, à Iéna, dix ans après la Révolution Française, tous les Romantiques allemands sont là rassemblés ; avec les frères Schlegel, Tieck, Schelling et Ritter. Parmi eux, un être merveilleux, poète au clair visage, chevalier du lointain, français d'origine, prince des cimes, frère de Novalis : c'est Clemens de Brentano. Il sera l'inventeur de ce souffle nouveau, celui de la vraie révolution romantique — rébellion et rêve mêlés — qu'on retrouve dans cette anthologie. Ce souffle nouveau, il le nommera « Roman désordonné ». Par là, il voulait démontrer la puissance et l'intensité d'une force créatrice en marche — à valeur universelle — destinée à mêler poésie et prose, génie et critique, poésie artistique et poésie naturelle.

Roman désordonné donc mais aussi légendes inventées, vertiges à la Rimbaud dans *l'Alchimie du verbe*, délire de Rainer Maria Rilke, dans *Les Cahiers de Malte Lauris Brigge*, qui nous dit comment se lève, après mille chemins secrets, le premier mot d'un vers. Voici la naissance et la confirmation d'un art audacieux, surgi, pour l'éternité peut-être, de la rébellion romantique. Cet art devra prolonger la vie à l'infini dans une littérature que Novalis voyait « *dépourvue de sens et de continuité, basée sur des associations semblables aux rêves, agissant indirectement sur la musique* ».

L'œuvre poétique est, par essence, un roman désordonné. Mais son rituel d'impressions nostalgiques comme son cérémonial d'introspections romantiques la place hors du temps avec un style dépassant les modes et les manières. Et cependant, les textes que vous allez lire ont tous quelque chose de commun : la filiation même du sang du poète.

Le roman désordonné, en perpétuelle résurrection, trouvera en France son chant du départ avec Victor Hugo quand il écrit la « Préface » de *Cromwell* qui est une charge à la hussarde. Cette « préface », chef-d'œuvre et symbole du « Roman désordonné » organise la vente aux enchères d'un vaste bric à brac indispensable et génial.

Chaque fois que tombe le marteau d'ivoire, on entend sonner le mot « Liberté » !

Liberté d'inspiration, liberté d'expression, liberté de composition, liberté de mélange surtout, à la façon d'un peintre ayant la richesse de couleur, la nervosité de trait et l'ampleur d'un Delacroix. « *Quelles sont les idées nouvelles ?* » demande Robert Sabatier à propos de la « Préface » de Cromwell. « *Il faut réunir les formes les plus opposées de l'art comme le grotesque et le sublime, le tragique et le comique, ne pas craindre les paradoxes qui font partie de la vie, être fracassant et vigoureux, réunir les idées qui sont dans l'air, mêler la pensée philosophique, le réalisme, le mouvement, la couleur locale. Victor Hugo peut élever un monument avec des débris, des déchets comme il fabriquera des meubles qu'on peut voir au Musée de la place des Vosges* ».

Un monument avec des débris, voilà le mot de cette fin de siècle. Et comme le programme est beau. C'est celui de la Renaissance des châteaux de la Loire quand Léonard veut bien faire l'escalier. Le romantisme nouveau achève ses ruines par des constructions absurdes qu'il désapprouve, que d'autres font, mais qu'il nomme et baptise, au-delà du bien et du mal. Un compagnon de marche, l'autre nuit dans la lumière blafarde de ce qui reste des quais de la Seine, mettait en scène et en mots pour moi les jours nouveaux. Des télégrammes de folie venaient de nos vertiges : « *La Tour Montparnasse est parnassienne, tandis qu' « Orange Mécanique » est symboliste. Rimbaud travaille pour la cause écologiste, mais son vert paradis est un frais cresson bleu. Il voit un cadavre, au lieu de vomir il écrit « Le dormeur du val », là est son génie. Hérédia, c'est le metteur en scène avancé du « Désert des Tartares ». Vigny, dans sa vieillesse, aurait pu écrire sur la beauté d'une centrale nucléaire dans la vallée. Verlaine finit comme un clochard poivrot, Mallarmé, c'est un prof d'anglais réactionnaire qui veut respirer. Rimbaud n'est pas un voyant, mais un aveugle qui agite une canne en diamant. Verhaeren sacrifie sa vie pour « pygmalioniser » une fille de dix-neuf ans. C'est un Jacques Brel qui ne connaissait pas la radio. J'aime la manière bleue qui va de Mozart à Mallarmé. Tout est symbole, le Concorde et la Voix Humaine. La vie est le lac des signes. Les Voyelles de Rimbaud, ce sont les feux de signilisation. Le vert est calme et reposant. On part doucement. Le jaune rend fou et explique les accidents de carrefour. Le rouge ne s'explique pas : en Chine les voitures passent au rouge ; cela vient peut-être du fait que les automobilistes sont jaunes. Sens interdit : une route blanche dans les cadavres rouges. Sens giratoire : une flèche blanche qui vous interdit d'aller jusqu'à la mer.* »

Baudelaire est un amoureux du « roman désordonné » : « *Les parfums les couleurs et les sons se répondent* ». Déjà il l'évoque dans « Le salon de 1846 », « Notes nouvelles sur Edgar Poe » et « Les Paradis artificiels ». Il voit les correspondances verticales entre le matériel et le spirituel, et les correspondances horizontales que constitue la connivence entre les sensations auditives et odoratives : « *Il est des parfums frais comme des chairs d'enfants* ». Là le toucher apparaît sans exister ; il est couleur et odeur à la fois. On retrouvera cette théorie analogiste chez Hoffmann, Novalis et bien d'autres encore. Plus tard, avec « A rebours », Huysmans greffe cette théorie sur un roman sorti de la serre esthétique. Il y célèbre incessamment des mariages qui ont goût d'union libre : « *La menthe et l'anisette à la flûte sucrée et poivrée* », « *l'eau de vie de marc avec l'assourdissement des timbales* ». C'est encore la symphonie de « Pierre et le Loup » de Serge Prokovief, ou le piano à cocktails de Boris Vian dans « L'écume des jours », ou plus récemment le film de Werner Schroeter : « La mort de Maria Malibran ». Charles Baudelaire donne la définition parfaite du « roman désordonné » lorsqu'il déclare : « *Je mourrai comme un parfait chimiste et comme une âme sainte* ».

Avant d'éclater partout de nos jours dans les affiches, les journaux nouveaux, les spots publicitaires, les « moments » de radio, les chocs rares de télévision, l'art photographique à son comble, le graphisme, la mise en pages, les effets des synthétiseurs, les opéras électriques, les films de la génération de Munich, les visages des acteurs, les titres dans la rue, les gestes inédits et qui se répètent, les modes des vêtements, oripeaux de luxe d'une décadence en recadence, les éléments atomisés du roman désordonné ont suivi les lignes de force de la poésie moderne et vont du romantisme au surréalisme. C'est là qu'intervient alors la théorie de Bachelard sur la poésie des éléments. L'eau demeure essentiellement la poésie des affectifs. Une affiche pour le Salon Nautique représentait dernièrement l'Arc-de-Triomphe entouré d'un bassin plein de voiles, illustrant parfaitement ce propos avec un décalage surréaliste. Le salon de l'eau réunit les invités attirés par la vie végétative et le soir : Lamartine, Sainte-Beuve, Marceline Desbordes-Valmore, Verlaine, Henri de Régnier, Albert Samain, Jules Laforgue, et Francis Jammes. On rencontrera plutôt au Salon de la Terre — qui n'est pas celui de l'Agriculture : Mallarmé, Valéry et Vigny, un peu gentleman-farmer tout de même : « *Vous m'avez fait, seigneur, puissant et solitaire, laissez-moi m'endormir du sommeil de la terre* ». Ce sont là des gens qui malgré leurs pensées de poètes ont trop d'esprit critique pour s'abandonner aux constructions hasardeuses de leur fantaisie et demeurent parfois des intellectuels. Au Salon de l'Air — qui n'a rien à voir avec Le Bourget — éclate la poésie des révoltés — c'est peut-être la plus belle ; Hugo, Nerval, Rimbaud s'y retrouvent, s'y disputent, s'y coupent la parole. Ce sont les poètes de l'agression. Apollinaire, Cendrars, Supervielle et Aragon sont également membres du club. Ce sont des impatients, des actifs qui demandent à leur imagination de créer un monde nouveau. Des violents qui invoquent la magie des mots, l'alchimie du verbe. Des dandys de la dissidence qui se lèvent trop tôt, mais qui contestent le crépuscule. Ce sont les poètes des matins et des aurores, où l'air attend le grand élément du vent.

Entre le club de la pomme de terre et celui des vents alizés, c'est assez vite la déchirure. D'un côté, la poésie de la méthode préconise une inspiration qui vienne de l'effort quotidien. L'œuvre est conçue comme une parfaite synthèse dont tous les éléments psychiques et musicaux sont centrés dans un système complexe mais cohérent. C'est Mallarmé, Valéry et Baudelaire à la fois. De l'autre, la poésie du délire se libère par le romantisme, méprisant les apparences du sensible, et invite chacun à user des mots et des images, à les associer suivant les résonances psychologiques ; c'est à la fois la « sorcellerie évocatoire » et la magie des mots de Mai 68, l'aventure de la parole, le choc verbal. C'est le mythe de la poésie sacrée : je suis un pauvre fou qui dit la vérité, je suis le prêtre et le poète d'une messe prophétique, je suis l'amant de la reine que nul n'a jamais vue. C'est le nouveau quatuor : Apollinaire, Claudel, Rimbaud et Bob Dylan.

J'appellerai tous ces poètes : les princes de la mélanfolie. Ils sont allés plus loin que la mélancolie et avec le courage de l'incertitude du retour. L'image, celle qui est le nom même de la vie moderne, est devenue leur ivresse, mais non pas une ivresse noire, une ivresse en couleurs. Colossal bouleversement. A l'hôtel de Pimodan, sous les combles, ils sont tous là, Théophile Gautier, Daumier et Charles aux yeux égarés qui, dans « Mon cœur mis à nu », glorifie le culte des images : « *Ma grande, mon unique, ma primitive passion* ». Au rez-de-chaussée habite un marchand de tableaux, Arondel. Peut-être roule-t-il ces jeunes gens fous de peinture. Peut-être non. Car ils savent des secrets et n'ignorent pas le plus grand : le passé, de toute façon, a une dimension métaphysique. La mémoire n'est qu'un accessoire pour nous persuader qu'il n'est plus là.

Roman désordonné dans la peinture : c'est Théodore de Banville qui défend l'inachevé chez Corot. C'est Baudelaire qui s'exclame devant la peinture de David : « *C'est bête, c'est bête comme la nature* ». C'est l'éloge du maquillage par le poète-critique-esthétique. Le maquillage fait de la femme un être divin et supérieur : la femme est une statue, aujourd'hui une star.

Révolte intérieure des apparences, c'est le roman désordonné de l'attitude : « *Le dandysme c'est un idéal, et cet idéal c'est l'individu redressé par l'individu* ». Baudelaire, toujours va plus loin : « *Le rire c'est la joie, le rire c'est une caricature de la joie. Le rire c'est le diable* ». Mais Baudelaire laisse passer Nadar tandis que Diderot s'est arrêté devant Chardin, parce qu'il condamne « *la servitude qui se prosterne devant la réalité extérieure* ». Le photographe ne lui a pas expliqué que tout se passait dans le regard, dans la boîte noire. Et que dehors, tant pis s'il fait beau !

A vingt-sept ans meurt Jules Laforgue. Romantique attardé, romantique tragique. Nouveau romantique. Prince de la mélanfolie ? « *Je n'ai pas un ami qui m'éviterait les explications qui me tuent* ». Pauvre, aimant une femme qui s'éloigne, employé comme lecteur dans un château en Allemagne, promenades dans des parcs tristes, heures d'attente en des salons dont l'or des meubles répond au soleil des porte-fenêtres, il rêve, il ne devient pas fou, et un jour il part vers le Danemark. Il s'arrêtera à Elseneur. Haine des serviteurs de la pensée, des valets du raisonnement, folie d'amour pour Hamlet. Car quand Hamlet est fou avec les autres, il se conduit comme nous dans la vie. Alors Jules Laforgue laisse éclater sa colère : « *Méthode ! Méthode ! que me veux-tu ? Tu sais bien que j'ai été disqualifié au critérium de la Certitude humaine pour avoir détrôné l'Impératif Catégorique et avoir instauré à sa place l'Impératif Climatérique* ». Il invente des mots nouveaux qui disent l'étendue de son désespoir ou plutôt l'immensité de sa réflexion, car il y a là peut-être un lien. Il dit « violupté » au lieu de volupté, et « éternullité » plutôt qu'éternité. Malade à force de réfléchir, il meurt.

Le docteur Wilde est le seul qui l'aurait sauvé, ce gros médecin des campagnes poétiques, avec son ventre épais, son monocle de praticien permanent de la désespérance et ses ordonnances miracles du genre : « *Il faut guérir les sens par l'âme, et l'âme par les sens* ». Oscar aux vérités tranchantes qui dit qu'il faut devenir soi-même, et lui qui était si beau finira laid. Homme heureux à la femme charmante sortie d'une peinture de Ruskin ou Whistler, comme le fantôme de l'Opéra du palais Garnier, courageux et se battant contre les boxeurs que lui envoie le marquis de Queensbury, il devient l'ami des maudits. Sa trajectoire est de devenir lui-même. Elle est tragique.

A sa sortie de prison, avant de mourir, il se fixe dans la nuit des temps sous les traits de crayon définitifs et cruels d'un Toulouse-Lautrec. Mais il a eu le temps de prononcer la phrase qui donne droit pour toujours à perdre le souffle, la loi vivante du roman désordonné, parce que ce genre littéraire est l'adolescence même de l'écriture : « *Tant que je ne comprenais pas la vie, je pouvais écrire. Maintenant que je connais la vie, je n'ai plus rien à dire* ».

Rimbaud est parti vendre des armes ou du bois d'ébène sous le soleil. C'était pourtant l'enfant de Charleville, lui aussi petit illuminé de Dieu.

Novalis, le romantique allemand au clair visage, conclut que la vie s'écoule comme un rendez-vous d'amour ; mais Baudelaire, enfermé dans sa chambre noire, mugit d'une plainte rouge comme le sang : « *Dans ce livre atroce, j'ai mis toute ma pensée, tout mon cœur, toute ma religion, toute ma haine* ». La pensée de Baudelaire, et son cœur, et sa haine, qui s'en étonnerait ? C'est la nature même du livre dont il parle : le roman désordonné. Mais sa perfection, qui pourrait en dire avec perfection le sens, car cette fois elle est la nature même de notre quête : le romantisme absolu.

Gonzague SAINT BRIS.

LA NOSTALGIE EST TOUJOURS CE QU'ELLE ETAIT

La poésie est la mémoire du monde. Et cette mémoire véhicule toutes les joies, tous les amours, tous les élans vitaux qui habitent l'homme depuis l'origine, mais toujours avec leur part d'ombre, celle de la souffrance, du doute, de la solitude et de la mort, terme inévitable du voyage.

Et parce qu'il est le seul animal à savoir qu'il doit mourir, l'homme porte en lui cette irréductible nostalgie qui peut être le souvenir émouvant d'un paradis à jamais perdu. De cette nostalgie le poète a fait son pain quotidien. Ainsi, les plus belles pages de cette anthologie (limitée au domaine français) — du spleen baudelairien aux accents tourmentés d'un Verlaine — en sont-elles imprégnées.

Dans les textes ici rassemblés, avec la subjectivité propre à ce genre de choix, ce que l'on nomme de manière un peu vague le « romantisme » mêle ses accents douloureux à ceux, plus modulés, de la « mélancolie ». Au XIXme siècle, ne disait-on pas de certains grands poètes qu'ils « portaient leur cœur en écharpe », tel Baudelaire écrivant : « Un cœur tendre qui hait le néant vaste et noir ».

Chaque lecteur devrait se reconnaître dans l'un ou l'autre de ces poèmes puisque la vraie, la belle poésie est notre reflet le plus sûr : souvenons-nous de Victor Hugo et de son « hypocrite lecteur, mon semblable, mon frère ». Lequel d'entre nous n'a eu besoin, à une période de sa vie, d'aller puiser dans ce trésor commun qu'est notre poésie lyrique, le réconfort, l'émotion, la compassion qui lui faisaient défaut pour vivre pleinement.

Si le romantisme et la nostalgie sont d'abord des phénomènes de jeunesse, ils n'en représentent pas moins ce désir de rêve et d'idéal que chaque être humain sent vivre en lui du jour de sa naissance à l'heure de sa fin. Le plus blasé, le plus cuirassé n'y échappe guère. Peut-être même est-ce la meilleure part de l'homme.

Si un seul des poèmes présentés ici parvenait à faire battre un peu plus fort le cœur du lecteur, ce livre aurait atteint son but : rien ne paraît plus important, dans notre monde tourmenté, que de vibrer encore à la magie de la parole essentielle.

Philippe HERACLES.

P.S. Les poètes sont classés dans cette anthologie selon leur date de naissance. La chronologie du choix débute à l'époque contemporaine et remonte ensuite dans le passé, contrairement aux habitudes.

RENE-GUY CADOU

(1920-1951)

Je t'attendais ainsi qu'on attend les navires
Dans les années de sécheresse quand le blé
Ne monte pas plus haut qu'une oreille dans l'herbe
Qui écoute apeurée la grande voix du temps

Je t'attendais et tous les quais toutes les routes
Ont retenti du pas brûlant qui s'en allait
Vers toi que je portais déjà sur mes épaules
Comme une douce pluie qui ne sèche jamais

Tu ne remuais encor que par quelques paupières
Quelques pattes d'oiseaux dans les vitres gelées
Je ne voyais en toi que cette solitude
Qui posait ses deux mains de feuille sur mon cou

Et pourtant c'était toi dans le clair de ma vie
Ce grand tapage matinal qui m'éveillait
Tous mes oiseaux tous mes vaisseaux tous mes pays
Ces astres ces millions d'astres qui se levaient

Ah que tu parlais bien quand toutes les fenêtres
Pétillaient dans le soir ainsi qu'un vin nouveau
Quand les portes s'ouvraient sur des villes légères
Où nous allions tous deux enlacés par les rues

Tu venais de si loin derrière ton visage
Que je ne savais plus à chaque battement
Si mon cœur durerait jusqu'au temps de toi-même
Où tu serais en moi plus forte que mon sang.

BORIS VIAN

(1920-1959)

Y a du soleil dans la rue
J'aime le soleil mais j'aime pas la rue
Alors je reste chez moi
En attendant que le monde vienne
Avec ses tours dorées
Et ses cascades blanches
Avec ses voix de larmes
Et les chansons des gens qui sont gais
Ou qui sont payés pour chanter
Et le soir il vient un moment
Où la rue devient autre chose
Et disparaît sous le plumage
De la nuit pleine de peut-être
Et des rêves de ceux qui sont morts
Alors je descends dans la rue
Elle s'étend là-bas jusqu'à l'aube
Une fumée s'étire tout près
Et je marche au milieu de l'eau sèche
De l'eau rêche de la nuit fraîche
Le soleil reviendra bientôt.

ALAIN BORNE

(1915-1962)

Complainte III

Parlez-moi
parlez-moi
de la fille
de la fille
qui traversait toute blanche
la place

C'était un août
de midi
elle allait rencontrer
son amant

C'est
un midi d'août
il y a cent ans
sur la place blanche
et vide

Elle allait
elle allait
rencontrer
rencontrer
son amant
il y a cent ans

Parlez-moi
parlez-moi
de la fille blanche
et de la rencontre
et de ce qui s'ensuivit
après la place toute blanche
brûlée
et après
la robe toute blanche
ôtée

Racontez-moi
l'histoire
jusqu'au bout
moment par moment
sous le soleil
et année par année

Parlez-moi
parlez-moi
de l'amour
et de l'usure
et de tout ce qui est arrivé
et de tout ce qui a disparu

Car
de la fille blanche
je ne connais
que la pierre éclatante
dans le midi d'août

Car
je ne connais
de l'histoire
que le nom
plus blanc que la pierre
de la fille blanche
d'il y a cent ans
sur la place blanche et vide

qui s'est arrêtée là pour toujours
bouquet blanc et vide.

Parlez-moi
parlez-moi
avant que je m'en aille
de la vie
Parlez-moi
d'il y a cent ans tout au long des années
et de ce que fut la fille chaude et blanche
qui est là
pour toujours
dans le vide noir.

Penser à toi
reste mon silence le plus précieux
le plus long le plus orageux silence.
Tu es en moi toujours
comme mon cœur inaperçu
mais comme un cœur qui ferait mal
blessure qui ferait vivre.

ROBERT DESNOS

(1900-1945)

Le dernier poème

J'ai rêvé tellement fort de toi,
J'ai tellement marché, tellement parlé,
Tellement aimé ton ombre,
Qu'il ne me reste plus rien de toi.
Il me reste d'être l'ombre parmi les ombres
D'être cent fois plus ombre que l'ombre
D'être l'ombre qui viendra et reviendra
dans ta vie ensoleillée.

MAX-POL FOUCHET

(1913-1980)

La mer intérieure

(extrait)

La mer t'a prise où tu baignais ton corps
Que m'enseignes-tu morte impitoyable
A ton doigt passée la couronne de sauvetage
Tu m'ancres vivant dans le perdurable
Et donnes à ma vie le flux intarissable

Je sens qu'il est un mot que tu me redis
Un mot qui me cerne au fond de moi-même
Un pampre vert d'où le raisin coule
Et cette caresse enfin marée souveraine
Que rien ne lasse et ne sait interrompre

A la surface une mouette au bec amer
Vient cueillir la semence épandue pour toi
La tempête évoque la fureur de nos chairs
Le beau temps nos corps l'un à l'autre confiés
La parenthèse profonde où nous dormions à deux

Ton amour se repose sur l'ouate des fonds
Il se ramifie comme les bras d'un poulpe
Ta semence se frotte aux replis des golfes
Et le sang de tes veines provoque les fleuves
Où court dans les gouffres le sourire des noyés

Tu m'interdis l'image où tu serais toute
Je la recherche en vain dans la venue des mots

Dans les veines de ton corps j'étais l'île
Où le temps parfois s'en venait relâcher
Navire corsaire du butin des instants

Victorieuse de l'eau de l'air de la mort
Tu surgis de l'absence comme le chant du silence
Invisible tu viens repeupler le monde
Insaisissable comme la marche des planètes
Dans le jour où l'oiseau te signifie

Incolore étoile pèlerin que le jour dévore
A tes talons les herbages des nuées
Tu passes sous les arches du vide
Le silence à la bouche et le geste muet
Attendant de la nuit ta forme précise

La fausseté du jour menace la ferveur
Des astres qui font route vers Compostelle
Les brigands de la vie tapis derrière le soleil
On ne peut marcher que dans la nuit
Pour rejoindre à jamais un amour immortel

Tous les chemins sont bons et couler
A pic n'est certes pas le plus mauvais
Nous laisserons flotter les algues et l'étoile
De mer parmi les poissons blancs et l'écaille
Préfigure celle que tu deviens dans l'éternel

Lunaire plénitude par la lumière ôtée
Je te retrouve au naufrage du jour
Se ruent les arbres vers l'espoir des radeaux
Les maisons les foyers les ruisseaux
Tambour de l'espace où frappe la nuit

Aux lèvres des fleurs tu perles la gemme
Tu es le sel de la mort où me voici
Viendra la date de miel enrubannée
Ou je te pénétrerai dans le sel du monde
Où nous aurons pour lit la rondeur des larmes

Tu es dans le sanglot tu es dans la prière
Les jours pour toi sont navires sur l'eau
L'amitié les ancres le pain les carènes
La musique les équipages les livres l'écume
Tu t'attristes pour moi qui ne sais que des mots.

JACQUES PRÉVERT

(1900-1977)

Barbara

Rappelle-toi Barbara
Il pleuvait sans cesse sur Brest ce jour-là
Et tu marchais souriante
Epanouie ravie ruisselante
Sous la pluie
Rappelle-toi Barbara
Il pleuvait sans cesse sur Brest
Et je t'ai croisée rue de Siam
Tu souriais
Et moi je souriais de même
Rappelle-toi Barbara
Toi que je ne connaissais pas
Toi qui ne me connaissais pas
Rappelle-toi
Rappelle-toi quand même ce jour-là
N'oublie pas
Un homme sous un porche s'abritait
Et il a crié ton nom
Barbara
Et tu as couru vers lui sous la pluie
Ruisselante ravie épanouie
Et tu t'es jetée dans ses bras
Rappelle-toi cela Barbara
Et ne m'en veux pas si je te tutoie,
Je dis tu à tous ceux que j'aime
Même si je ne les ai vus qu'une seule fois

Je dis tu à tous ceux qui s'aiment
Même si je ne les connais pas
Rappelle-toi Barbara
N'oublie pas
Cette pluie sage et heureuse
Sur ton visage heureux
Sur cette ville heureuse
Cette pluie sur la mer
Sur l'arsenal
Sur le bateau d'Ouessant
Oh Barbara
Quelle connerie la guerre
Qu'es-tu devenue maintenant
Sous cette pluie de fer
De feu d'acier de sang
Et celui qui te serrait dans ses bras
Amoureusement
Est-il mort disparu ou bien encore vivant
Oh Barbara
Il pleut sans cesse sur Brest
Comme il pleuvait avant
Mais ce n'est plus pareil et tout est abîmé
C'est une pluie de deuil terrible et désolée
Ce n'est même plus l'orage
De fer d'acier de sang
Tout simplement des nuages
Qui crèvent comme des chiens
Des chiens qui disparaissent
Au fil de l'eau sur Brest
Et vont pourrir au loin
Au loin très loin de Brest
Dont il ne reste rien.

LOUIS ARAGON

(né en 1897)

Cantique à Elsa

Je te touche et je vois ton corps et tu respires
Ce ne sont plus les jours du vivre séparés
C'est toi tu vas tu viens et je suis ton empire
    Pour le meilleur et pour le pire
Et jamais tu ne fus si lointaine à mon gré

Ensemble nous trouvons au pays des merveilles
Le plaisir sérieux couleur de l'absolu
Mais lorsque je reviens à nous que je m'éveille
    Si je soupire à ton oreille
Comme des mots d'adieu tu ne les entends plus

Elle dort Longuement je l'écoute se taire
C'est elle dans mes bras présente et cependant
Plus absente d'y être et moi plus solitaire
    D'être plus près de son mystère
Comme un joueur qui lit aux dés le point perdant

Le jour qui semblera l'arracher à l'absence
Me la rend plus touchante et plus belle que lui
De l'ombre elle a gardé les parfums et l'essence
    Elle est comme un songe des sens
Le jour qui la ramène est encore une nuit

Buissons quotidiens à quoi nous nous griffâmes
La vie aura passé comme un air entêtant
Jamais rassasié de ces yeux qui m'affament
    Mon ciel mon désespoir ma femme
Treize ans j'aurais guetté ton silence chantant

Comme le coquillage enregistre la mer
Grisant mon cœur treize ans treize hivers treize étés
J'aurai tremblé treize ans sur le seuil des chimères
    Treize ans d'une peur douce-amère
Et treize ans conjuré des périls inventés

O mon enfant le temps n'est pas à notre taille
Que mille et une nuits sont peu pour des amants
Treize ans c'est comme un jour et c'est un feu de paille
    Qui brûle à nos pieds maille à maille
Le magique tapis de notre isolement

PAUL ELUARD

(1895-1952)

Ma morte vivante

Dans mon chagrin rien n'est en mouvement
J'attends personne ne viendra
Ni de jour ni de nuit
Ni jamais plus de ce qui fut moi-même

Mes yeux se sont séparés de tes yeux
Ils perdent leur confiance ils perdent leur lumière
Ma bouche s'est séparée de ta bouche
Ma bouche s'est séparée du plaisir
Et du sens de l'amour et du sens de la vie
Mes mains se sont séparées de tes mains
Mes mains laissent tout échapper
Mes pieds se sont séparés de tes pieds
Ils n'avanceront plus il n'y a plus de routes
Ils ne connaîtront plus mon poids ni le repos

Il m'est donné de voir ma vie finir
Avec la tienne
Ma vie en ton pouvoir
Que j'ai crue infinie

Et l'avenir mon seul espoir c'est mon tombeau
Pareil au tien cerné d'un monde indifférent

J'étais si près de toi que j'ai froid près des autres.

Dorée

Les draps humides de novembre
M'ensevelissent pour toujours
Le temps me file entre les doigts
La terre tourne en mes orbites

Où en est ce léger sourire
Qui commença un jour de mai
Sinon sur la bouche des morts
Malgré la peine des vivants

Où est la lettre sans réponse
Et la poussière des paroles
Cette confiance dans la vie
Qui tout à coup devient silence

Je nie les larmes leur lumière
Mes yeux ne sont plus de ce monde
Je suis passée tout est passé
Je suis une ombre dans le noir

Je suis le germe du désordre.

Les limites du malheur

Mes yeux soudain horriblement
Ne voient pas plus loin que moi
Je fais des gestes dans le vide
Je suis comme un aveugle-né
De son unique nuit témoin

La vie soudain horriblement
N'est plus à la mesure du temps
Mon désert contredit l'espace
Désert pourri désert livide
De ma morte que j'envie

J'ai dans mon corps vivant les ruines de l'amour
Ma morte dans sa robe au col taché de sang.

JEAN COCTEAU

(1889-1963)

Posthume

Et voici que le Temps aux fourbes perspectives
Me ramène à ces lieux où j'écrivais *Plain-Chant*
Je retrouve la mer alors que sur ses rives
Je rêvais en marchant

Je rêvais à l'amour, au sommeil, à la gloire
A ce que la jeunesse imagine de fou
Et tandis que ce feu reflambe en ma mémoire
Je vais je ne sais où

Je vais je ne sais où car la mort patiente
Embaumeuse qui fait les visages si beaux
Me regarde glisser sur la rapide pente
Qui meuble ses tombeaux.

(8 mars 1962)

PIERRE REVERDY

(1889-1960)

Cœur à cœur

Enfin me voilà debout
Je suis passé par là
Quelqu'un passe aussi par là maintenant
Comme moi
Sans savoir où il va

Je tremblais
Au fond de la chambre le mur était noir
Et il tremblait aussi
Comment avais-je pu franchir le seuil de cette porte
On pourrait crier
        Personne n'entend
On pourrait pleurer
        Personne ne comprend

J'ai trouvé ton ombre dans l'obscurité
Elle était plus douce que toi-même
Autrefois

Elle était triste dans un coin
La mort t'a apporté cette tranquillité
Mais tu parles tu parles encore
Je voudrais te laisser

S'il venait seulement un peu d'air
Si le dehors nous permettait encore d'y voir clair
On étouffe
Le plafond pèse sur ma tête et me repousse
Où vais-je me mettre où partir
Je n'ai pas assez de place pour mourir
Où vont les pas qui s'éloignent de moi et que j'entends
Là-bas très loin
Nous sommes seuls mon ombre et moi
La nuit descend

BLAISE CENDRARS

(1887-1961)

Hôtel Notre-Dame

Je suis revenu au Quartier
Comme au temps de ma jeunesse
Je crois que c'est peine perdue
Car rien en moi ne revit plus
De mes rêves de mes désespoirs
De ce que j'ai fait à dix-huit ans

On démolit des pâtés de maisons
On a changé le nom des rues
Saint-Séverin est mis à nu
La place Maubert est plus grande
Et la rue Saint-Jacques s'élargit
Je trouve cela beaucoup plus beau
Neuf et plus antique à la fois

C'est ainsi que m'étant fait sauter
La barbe et les cheveux tout court
Je porte un visage d'aujourd'hui
Et le crâne de mon grand-père

C'est pourquoi je ne regrette rien
Et j'appelle les démolisseurs
Foutez mon enfance par terre
Ma famille et mes habitudes
Mettez une gare à la place
Ou laissez un terrain vague
Qui dégage mon origine

**Je ne suis pas le fils de mon père
Et je n'aime que mon bisaïeul
Je me suis fait un nom nouveau
Visible comme une affiche bleue
Et rouge montée sur un échafaudage
Derrière quoi on édifie
Des nouveautés des lendemains**

....

FRANCIS CARCO

(1886-1958)

L'ombre

(extrait)

Ton ombre est couleur de la pluie,
De mes regrets, du temps qui passe.
Elle disparaît et s'efface
Mais envahit tout, à la nuit.

Sous le métro de la Chapelle,
Dans ce quartier pauvre et bruyant,
Elle m'attend, derrière les piliers noirs,
Où d'autres ombres fraternelles,
Font aux passants, qu'elles appellent,
De grands gestes de désespoir.

Mais les passants ne se retournent pas.
Aucun n'a jamais su pourquoi,
Dans le vent qui fait clignoter les réverbères,
Dans le vent froid, tant de mystère
Soudain se ferme sur ses pas...

Et moi qui cherche où tu peux être,
Moi qui sais que tu m'attends là,
Je passe sans te reconnaître.
Je vais et viens, toute la nuit
Je marche seul, comme autrefois,
Et ton ombre, couleur de pluie,
Que le vent chasse à chaque pas,
Ton ombre se perd dans la nuit
Mais je la sens tout près de moi...

PAUL GÉRALDY

(né en 1885)

Tristesse

Ton Passé !... Car tu as un Passé, toi aussi !
Un grand Passé, plein de bonheurs et plein de peines...
Dire que cette tête est pleine
de vieilles joies, de vieux soucis,
d'ombres immenses ou petites,
de mille visions où je ne suis pour rien !
Redis-les-moi toutes ces choses cent fois dites.
Tes souvenirs, je ne les sais pas encor bien.
Ah ! derrière tes yeux, cette nuit, ce mystère !
Ainsi c'est vrai qu'il fut un temps où quelque part
tu gambadais dans la lumière
avec de longs cheveux épars,
comme sur ces photographies !
Raconte-moi. C'est vrai ? C'est vrai ?
Tu fus pareille à ce portrait
où tu n'es même pas jolie ?
Explique. En ce temps-là, qu'est-ce que tu faisais ?
Qu'est-ce que tu pensais ? Qu'est-ce que tu disais ?
Que se passait-il dans ta vie ?
Ce grand jardin a existé, qu'on aperçoit ?
De quel côté était la grille ?
Es-tu sûre que ce soit toi
cette affreuse petite fille ?
Ce chapeau démodé, ce chapeau d'autrefois,
fut ton chapeau ? Tu es bien sûre ?
Et toutes ces vieilles figures,

ce sont des gens qui te connurent
avant moi ?
C'est à ces gens que tu dois ton premier voyage,
ta première nuit dans un train,
ta première forêt, et ta première plage ?
C'est eux qui t'ont donné la main,
et qui t'ont prêté leur épaule,
et qui t'ont dit : « Regarde, là... » ?
Hélas ! pourquoi tous ces gens-là
ne m'ont-ils pas laissé ce rôle ?
J'aurais tant aimé t'emporter
loin, toute seule, et t'inventer
de merveilleux itinéraires !
Je t'aurais révélé les soirs et les étés,
appris le goût des longues routes solitaires,
et dit les noms des beaux villages aperçus.
Je t'aurais présenté la Terre.
Je crois que j'aurais très bien su.
Et de tant d'horizons splendides,
de tant de villes, de pays,
peut-être aurait-il rejailli
un peu de gloire sur le guide...
Ah ! tous ces gens, petit chéri,
savent-ils bien ce qu'ils m'ont pris ?
C'est fini. L'on n'y peut rien faire.
C'est l'irréparable. Voilà.
Et cependant tous ces gens-là
ont l'air de gens très ordinaires.
Sois certaine qu'entre nous deux
si nous sentons aussi souvent des différences,
ce n'est qu'à cause d'eux, oui, d'eux
qui, sous prétexte de vacances,
te menèrent de-ci, de-là,
et mirent leur empreinte, avant moi, sur ta vie...
Ne pensons plus à tout cela.
Range-moi ces photographies.

JULES SUPERVIELLE

(1884-1960)

Nous sommes là tous deux comme devant la mer
sous l'avance saline des souvenirs.

De ton chapeau aérien à tes talons presque pointus
tu es légère et parcourue
comme si les oiseaux striés par la lumière de ta patrie
remontaient le courant de tes rêves.
Tu voudrais jeter des ponts de soleil entre des pays que séparent les océans et les climats, et qui s'ignoreront toujours.
Les soirs de Montevideo ne seront pas couronnés de célestes roses pyrénéennes,
les monts de Janeiro toujours brûlants et jamais cousumés ne pâliront point sous les doigts délicats de la neige française,
et tu ne pourras entendre, si ce n'est en ton cœur, la marée des avoines argentines,
ni former un seul amour avec tous ces amours qui échelonnent ton âme,
et dont les mille fumées ne s'uniront jamais dans la torsade d'une seule fumée.

Que tes paupières rapides se résignent, ô désespérée de l'espace !
Ne t'afflige point, toi dont le tourment ne remonte pas comme le mien, jusqu'aux âges qui tremblent derrière les horizons,
tu ne sais pas ce qu'est une vague morte depuis trois

mille ans, et qui renaît en moi pour périr encore,
ni l'alouette immobile depuis plusieurs décades qui devient en moi une alouette toute neuve,
avec un cœur rapide, rapide,
pressé d'en finir,
ne t'afflige point, toi qui vois en la nuit une amie qu'émerveille ton sourire aiguisé par la chute du jour,
la nuit armée d'étoiles innombrables et grouillante de siècles,
qui me force pour en mesurer la violence,
à renverser la tête en arrière
comme font les morts, mon amie,
comme font les morts.

(Juillet 1920).

MARIE NOEL

(1883-1967)

Vision

(extrait)

Quand le soleil et l'horizon
S'enfuiront... quand de la maison
Sortiront l'heure et la saison ;

Quand la fenêtre sur la cour
S'éteindra... quand après le jour
S'éteindra la lampe à son tour ;

Quand sans pouvoir la rallumer
Tous ceux que j'avais pour m'aimer
Laisseront la nuit m'enfermer ;

Quand leurs voix, murmure indistinct,
M'abandonnant à mon destin,
S'évanouiront dans le lointain ;

Quand cherchant en vain mon salut
Dans un son je n'entendrai plus
Qu'au loin un silence confus ;

Quand le froid entre mes draps chauds
Se glissera jusqu'à mes os
Et saisira mes pieds déchaux ;

Quand mon souffle contre un poids sourd
Se débattra... restera court
Sans pouvoir soulever l'air lourd ;

Quand la Mort comme un assassin
Qui précipite son dessein
S'agenouillera sur mon sein ;

Quand ses doigts presseront mon cou,
Quand de mon corps mon esprit fou
Jaillira sans savoir jusqu'où...

Alors, pour traverser la nuit, comme une femme
Emporte son enfant endormie, ô mon Dieu,
Tu me prendras, tu m'emporteras au milieu
Du ciel splendide en ta demeure où peu à peu
Le matin éternel réveillera mon âme.

CHARLES VILDRAC

(1882-1971)

Si l'on gardait

(extrait)

Si l'on gardait, depuis des temps, des temps,
Si l'on gardait, souples et odorants,
Tous les cheveux des femmes qui sont mortes,
Tous les cheveux blonds, tous les cheveux blancs,
Crinières de nuit, toisons de safran,
Et les cheveux couleur de feuilles mortes,
Si on les gardait depuis bien longtemps,
Noués bout à bout pour tisser les voiles
Qui vont sur la mer,
Il y aurait tant et tant sur la mer,
Tant de cheveux roux, tant de cheveux clairs,
Et tant de cheveux de nuit sans étoiles,
Il y aurait tant de soyeuses voiles
Luisant au soleil, bombant sous le vent,
Que les oiseaux gris qui vont sur la mer,
Que ces grands oiseaux sentiraient souvent
Se poser sur eux,
Les baisers partis de tous ces cheveux,
Baisers qu'on sema sur tous ces cheveux,
Et puis en allés parmi le grand vent...

GUILLAUME APOLLINAIRE

(1880-1918)

Le pont Mirabeau

Sous le pont Mirabeau coule la Seine
Et nos amours
Faut-il qu'il m'en souvienne
La joie venait toujours après la peine

Vienne la nuit sonne l'heure
Les jours s'en vont je demeure

Les mains dans les mains restons face à face
Tandis que sous
Le pont de nos bras passe
Des éternels regards l'onde si lasse

Vienne la nuit sonne l'heure
Les jours s'en vont je demeure

L'amour s'en va comme cette eau courante
L'amour s'en va
Comme la vie est lente
Et comme l'Espérance est violente

Vienne la nuit sonne l'heure
Les jours s'en vont je demeure

Passent les jours et passent les semaines
Ni temps passé
Ni les amours reviennent
Sous le pont Mirabeau coule la Seine

Vienne la nuit sonne l'heure
Les jours s'en vont je demeure

La traversée

Du joli bateau de Port-Vendres
Tes yeux étaient les matelots
Et comme les flots étaient tendres
Dans les parages de Palos

Que de sous-marins dans mon âme
Naviguent et vont l'attendant
Le superbe navire où clame
Le chœur de ton regard ardent.

MAX JACOB

(1876-1944)

Lune couleur de sang

Tristesse d'eau, Vierge qui pâme
au bord d'un puits bordé de fleurs !
ô grandissime floraison !
oraisons qui gardez mon âme
et sans raison, ces pleurs
d'enfant pâle, ces pleurs.

Langueur d'attendre des nouvelles
venant de l'hiver sans couleurs
Océan, ta pioche et ta pelle
ta pioche
sont un bruit le soir qui fait peur.

Parfois Dieu passe que précèdent
des formes qu'on ne comprend pas
plus que vos métaphores, prophètes
des morts des ciels et d'ici-bas.

Craquements aux bois de la porte
un masque ! je le reconnais
c'est celui d'une dame morte
qui fait ma tristesse à jamais.

Tristesse d'eau et ce qu'on guette...
Déjà ma mort ? par la fenêtre
la nuit, la mer et les absents
le buisson qui meurt des tempêtes
et la lune couleur de sang.

ANNA DE NOAILLES

(1876-1933)

Si je n'aimais que toi

Si je n'aimais que toi en toi
Je guérirais de ton visage,
Je guérirais bien de ta voix
Qui m'émeut comme lorsqu'on voit,
Dans le nocturne paysage,
La lune énigmatique et sage,
Qui nous étonne chaque fois.

— Si c'était toi par qui je rêve,
Toi vraiment seul, toi seulement,
J'observerais tranquillement
Ce clair contour, cette âme brève
Qui te commence et qui t'achève.

Mais à cause de nos regards,
A cause de l'insaisissable,
A cause de tous les hasards,
Je suis parmi toi haute et stable
Comme le palmier dans les sables ;
Nous sommes désormais égaux,
Tout nous joint, rien ne nous sépare,
Je te choisis si je compare ;
— C'est toi le riche et moi l'avare,
C'est toi le chant et moi l'écho,
Et t'ayant comblé de moi-même,
O visage par qui je meurs,
Rêves, désirs, parfums, rumeurs,
Est-ce toi ou bien moi que j'aime ?

Si l'on songe...

Si l'on songe à tout ce qu'on fit
Avec élan, souci, courage :
A ce perpétuel défi
Tendu vers les humains orages ;

Aux peines mesquines aussi,
Dont la finesse déconcerte,
Et qui font le sort imprécis ;
— Si l'on songe à ce cœur d'ascète
Qu'on eut, à ce cœur charpenté
Pour traverser l'éternité,

Et que de cela rien ne reste,
Nul signe, nulle ombre, nul geste,
Et que le corps cesse d'aimer,

— O noblesse des yeux fermés
Dans le fond des tombes agrestes !

LÉON-PAUL FARGUE

(1876-1947)

Tremblant

(extrait)

Amour tremblant. Crainte de proie.
J'aime vos deux instincts frappants.
Crainte tenace. Amour tremblant.
Je sais ton style heureusement.
Je suis le maître dans la nuit.
Amour tenace. Amour tremblant.
Tu t'es posé sur le rebord
De l'âme la plus misérable,
Comme un aigle sur un balcon !
Amour tenace. Amour tremblant !
Moi le voyageur sans souci
J'ai dû prier pour ta beauté.
Amour tenace. Amour tremblant.
L'horloge creuse de la mort
Je l'honore dans tes beaux yeux,
Je la distingue aux seins blessants.
Les fleurs qu'on ne voit que la nuit
C'est ce qui fait qu'on réfléchit.
Mais veuille surveiller nos yeux.
Quand nous souffrons fais-nous pleurer.
Lorsqu'on pleure on est presque heureux.
Amour tenace. Amour tremblant !

CHARLES PÉGUY

(1873-1914)

Quatrains

Cœur dur comme une tour,
O cœur de pierre,
Donjon de jour en jour
Vêtu de lierre.

De tous liens lié
A cette terre,
O cœur humilié,
Cœur solitaire.

Cœur qui as tant crevé
De pleurs secrets,
Buveur inabreuvé,
Cendre et regrets.

Cœur tant de fois baigné
Dans la lumière,
Et tant de fois noyé
Source première.

O cœur laissé pour mort
Dans le fossé,
Cœur tu battais encore,
O trépassé.

O cœur inexploré,
Vaste univers,
Idole dédorée,
Jardin d'hiver.

O vase de regret
Plein jusqu'aux bords
Du venin d'un remords
Inespéré...

O vieil arbre écorcé,
Rongé des vers,
Vieux sanglier forcé,
O cœur pervers...

Cœur qui as tant battu,
D'amour, d'espoir,
O cœur trouveras-tu
La paix du soir...

Cœur dévoré d'amour,
Te tairas-tu,
O cœur de jour en jour
Inentendu...

Cœur plein d'un seul amour,
Désaccordé,
O cœur de jour en jour
Plus hasardé...

Tu avais tout pourvu,
O confident,
Tu avais tout prévu,
O provident.

Tu avais tout pourvu,
Fors une fièvre,
Tu avais tout prévu
Fors que deux lèvres...

Tu avais tout pourvu,
Fors une flamme,
Tu avais tout prévu,
Fors une autre âme.

Tu avais fait ton compte,
O Prévoyant,
Tu n'avais oublié
Qu'un cœur battant...

PAUL VALÉRY

(1871-1945)

La fileuse

Assise la fileuse au bleu de la croisée
Où le jardin mélodieux se dodeline,
Le rouet ancien qui ronfle l'a grisée.

Lasse, ayant bu l'azur, de filer la câline
Chevelure, à ses doigts si faibles évasive,
Elle songe, et sa tête petite s'incline...

Un arbuste et l'air pur font une source vive
Qui, suspendue au jour, délicieuse arrose
De ses pertes de fleur le jardin de l'oisive.

Une tige, où le vent vagabond se repose,
Courbe le salut vain de sa grâce étoilée
Dédiant magnifique, au vieux rouet, sa rose.

Mais la dormeuse file une laine isolée,
Mystérieusement l'ombre frêle se tresse
Au fil de ses doigts longs et qui dorment, filée.

Le songe se dévide avec une paresse
Angélique, et sans cesse, au fuseau doux, crédule
La chevelure ondule au gré de la caresse...

Tu es morte naïve au bord du crépuscule,
Fileuse de feuillage et de lumière ceinte.
Tout le ciel vert se meurt. Le dernier arbre brûle.

Ta sœur, la grande rose où sourit une sainte
Parfume ton front vague au vent de son haleine
Innocente, et tu crois languir. Tu es éteinte

Au bleu de la croisée où tu filais la laine.

ROSEMONDE GÉRARD

(1871-1953)

Le dernier rendez-vous

Lorsque tu seras vieux et que je serai vieille,
Lorsque mes cheveux blonds seront des cheveux blancs,
Au mois de mai, dans le jardin qui s'ensoleille,
Nous irons réchauffer nos vieux membres tremblants...

Et comme chaque jour je t'aime davantage
— Aujourd'hui plus qu'hier et bien moins que demain —
Qu'importeront alors les rides du visage,
Si les mêmes rosiers parfument le chemin...

C'est vrai, nous serons vieux, très vieux, faiblis par l'âge,
Mais plus fort chaque jour je serrerai ta main,
Car vois-tu, chaque jour je t'aime davantage :
Aujourd'hui plus qu'hier et bien moins que demain !...

Nous nous regarderons, assis sous notre treille,
Avec des yeux remplis des pleurs de nos vingt ans...
Lorsque tu seras vieux et que je serai vieille,
Lorsque mes cheveux blonds seront des cheveux blancs !

FRANCIS JAMMES

(1868-1938)

**J'aime dans les temps Clara d'Ellébeuse,
l'écolière des anciens pensionnats,
qui allait, les soirs chauds, sous les tilleuls
lire les magazines d'autrefois.**

**Je n'aime qu'elle, et je sens sur mon cœur
la lumière bleue de sa gorge blanche.
Ou est-elle ? Où était donc ce bonheur ?
Dans sa chambre claire il entrait des branches.**

**Elle n'est peut-être pas encore morte
— ou peut-être que nous l'étions tous deux.
La grande cour avait des feuilles mortes
dans le vent froid des fins d'Eté très vieux.**

**Te souviens-tu de ces plumes de paon,
dans un grand vase, auprès de coquillages ?...
on apprenait qu'on avait fait naufrage,
on appelait Terre-Neuve : le Banc.**

**Viens, viens, ma chère Clara d'Ellébeuse ;
aimons-nous encore, si tu existes.
Le vieux jardin a de vieilles tulipes.
Viens toute nue, ô Clara d'Ellébeuse.**

Il va neiger...

Il va neiger dans quelques jours. Je me souviens
de l'an dernier. Je me souviens de mes tristesses
au coin du feu. Si l'on m'avait demandé : qu'est-ce ?
J'aurais dit : laissez-moi tranquille. Ce n'est rien.

J'ai bien réfléchi, l'année avant, dans ma chambre,
pendant que la neige lourde tombait dehors.
J'ai réfléchi pour rien. A présent comme alors
je fume une pipe en bois avec un bout d'ambre.

Ma vieille commode en chêne sent toujours bon.
Mais moi j'étais bête parce que ces choses
ne pouvaient pas changer et que c'est une pose
de vouloir chasser les choses que nous savons.

Pourquoi donc pensons-nous et parlons-nous ? C'est
drôle ;
nos larmes et nos baisers, eux, ne parlent pas
et cependant nous les comprenons, et les pas
d'un ami sont plus doux que de douces paroles.

On a baptisé les étoiles sans penser
qu'elles n'avaient pas besoin de nom, et les nombres
qui prouvent que les belles comètes dans l'ombre
passeront, ne les forceront pas à passer.

Et maintenant même, où sont mes vieilles tristesses
de l'an dernier ? A peine si je m'en souviens.
Je dirais : laissez-moi tranquille, ce n'est rien,
si dans ma chambre on venait me demander :
qu'est-ce ?

HENRI DE RÉGNIER

(1864-1936)

Odelette

Si j'ai parlé
De mon amour, c'est à l'eau lente
Qui m'écoute quand je me penche
Sur elle ; si j'ai parlé
De mon amour, c'est au vent
Qui rit et chuchote entre les branches ;
Si j'ai parlé de mon amour, c'est à l'oiseau
Qui passe et chante
Avec le vent ;
Si j'ai parlé
C'est à l'écho.

Si j'ai aimé de grand amour,
Triste ou joyeux,
Ce sont tes yeux ;
Si j'ai aimé de grand amour,
Ce fut ta bouche grave et douce,
Ce fut ta bouche ;
Si j'ai aimé de grand amour,
Ce furent ta chair tiède et tes mains fraîches,
Et c'est ton ombre que je cherche.

JULES LAFORGUE

(1860-1887)

Méditation grisâtre

Sous le ciel pluvieux noyé de brumes sales,
Devant l'Océan blême, assis sur un îlot,
Seul, loin de tout, je songe, au clapotis du flot,
Dans le concert hurlant des mourantes rafales.

Crinière échevelée, ainsi que des cavales,
Les vagues se tordant arrivent au galop
Et croulent à mes pieds avec de longs sanglots
Qu'emporte la tourmente aux haleines brutales.

Partout le grand ciel gris, le brouillard et la mer ;
Rien que l'affolement des vents balayant l'air :
Plus d'heures, plus d'humains, et solitaire, morne,

Je reste là, perdu dans l'horizon lointain
Et songe que l'espace est sans borne, sans borne,
Et que le temps n'aura jamais... jamais de fin.

ALBERT SAMAIN

(1858-1900)

Il est d'étranges soirs...

Il est d'étranges soirs où les fleurs ont une âme,
Où dans l'air énervé flotte du repentir,
Où sur la vague lente et lourde d'un soupir
Le cœur le plus secret aux lèvres vient mourir.
Il est d'étranges soirs où les fleurs ont une âme,
Et ces soirs-là, je vais tendre comme une femme.

Il est de clairs matins, de roses se coiffant,
Où l'âme a des gaîtés d'eaux vives dans les roches,
Où le cœur est un ciel de Pâques plein de cloches,
Où la chair est sans tache et l'esprit sans reproches.
Il est de clairs matins, de roses se coiffant,
Ces matins-là, je vais joyeux comme un enfant.

Il est de mornes jours où, las de se connaître,
Le cœur, vieux de mille ans, s'assied sur son butin,
Où le plus cher passé semble un décor déteint,
Où s'agite un vague et minable cabotin.
Il est de mornes jours, las du poids de connaître,
En ces jours-là, je vais courbé comme un ancêtre.

Il est des nuits de doute, où l'angoisse vous tord,
Où l'âme, au bout de la spirale descendue,
Pâle et sur l'infini terrible suspendue,
Sent le vent de l'abîme et recule éperdue !
Il est des nuits de doute, où l'angoisse vous tord,
Et ces nuits-là, je suis dans l'ombre comme un mort.

Automne

A pas lents et suivis du chien de la maison,
Nous refaisons la route à présent trop connue.
Un pâle automne saigne au fond de l'avenue,
Et des femmes en deuil passent à l'horizon.

Comme dans un préau d'hospice ou de prison,
L'air est calme et d'une tristesse contenue ;

Et chaque feuille d'or tombe, l'heure venue,
Ainsi qu'un souvenir, lente, sur le gazon.

Le Silence entre nous marche... Cœurs de mensonges,
Chacun, las du voyage, et mû par d'autres songes,
Rêve égoïstement de retourner au port.

Mais les bois ont, ce soir, tant de mélancolie,
Que notre cœur s'émeut à son tour et s'oublie
A parler du passé, sous le ciel qui s'endort,

Doucement, à mi-voix, comme d'un enfant mort.

Mon enfance captive...

Mon enfance captive a vécu dans des pierres,
Dans la ville où sans fin, vomissant le charbon,
L'usine en feu dévore un peuple moribond :
Et pour voir des jardins je fermais les paupières...

J'ai grandi ; j'ai rêvé d'orient, de lumières,
De rivages de fleurs où l'air tiède sent bon,
De cités aux noms d'or, et, seigneur vagabond,
De pavés florentins où traîner des rapières.

Puis je pris en dégoût le carton du décor,
Et maintenant, j'entends en moi l'âme du Nord
Qui chante, et chaque jour j'aime d'un cœur plus fort

Ton air de sainte femme, ô ma terre de Flandre,
Ton peuple grave et droit, ennemi de l'esclandre,
Ta douceur de misère où le cœur se sent prendre,

Tes marais, tes prés verts où rouissent les lins,
Tes bateaux, ton ciel gris où tournent les moulins,
Et cette veuve en noir avec ses orphelins...

JEAN MORÉAS

(1856-1910)

Quand reviendra l'automne avec les feuilles mortes
Qui couvriront l'étang du moulin ruiné,
Quand le vent remplira le trou béant des portes
Et l'inutile espace où la meule a tourné,

Je veux aller encor m'asseoir sur cette borne,
Contre le mur tissé d'un vieux lierre vermeil,
Et regarder longtemps dans l'eau glacée et morne
S'éteindre mon image et le pâle soleil.

Remembrances

Dans l'âtre brûlent les tisons,
Les tisons noirs aux flammes roses ;

Dehors hurlent les vents moroses,
Les vents des vilaines saisons.

Contre les chenets roux de rouille,
Mon chat frotte son maigre dos.
En les ramages des rideaux,
On dirait un *essaim* qui grouille :

C'est le Passé, c'est le Passé
Qui pleure la tendresse morte ;
C'est le bonheur que l'heure emporte
Qui chante sur un ton lassé.

Contre les chenets roux de rouille,
Le chat ne frotte plus son dos.
En les ramages des rideaux,
On n'entend plus d'*essaim* qui grouille.

Dans l'âtre plein de noirs tisons,
Eteintes sont les flammes roses ;
Et seuls hurlent les vents moroses,
Les vents des vilaines saisons.

ÉMILE VERHAEREN

(1855-1916)

Les pauvres

Il est ainsi de pauvres cœurs
avec, en eux, des lacs de pleurs,
qui sont pâles, comme les pierres
d'un cimetière.

Il est ainsi de pauvres dos
plus lourds de peine et de fardeaux
que les toits des cassines brunes,
parmi les dunes.

Il est ainsi de pauvres mains,
comme feuilles sur les chemins,
comme feuilles jaunes et mortes,
devant la porte.

Il est ainsi de pauvres yeux
humbles et bons et soucieux
et plus tristes que ceux des bêtes,
sous la tempête.

Il est ainsi de pauvres gens,
aux gestes las et indulgents
sur qui s'acharne la misère,
au long des plaines de la terre.

ARTHUR RIMBAUD

(1854-1891)

Roman

I

On n'est pas sérieux quand on a dix-sept ans.
Un beau soir, — foin des bocks et de la limonade,
Des cafés tapageurs aux lustres éclatants ! —
On va sous les tilleuls verts de la promenade.

Les tilleuls sentent bon dans les bons soirs de juin.
L'air est parfois si doux qu'on ferme la paupière.
Le vent chargé de bruits — la ville n'est pas loin —
A des parfums de vigne et des parfums de bière.

II

Voilà qu'on aperçoit un tout petit chiffon
D'azur sombre encadré d'une petite branche,
Piqué d'une mauvaise étoile qui se fond
Avec de doux frissons, petite et toute blanche.

Nuit de juin ! Dix-sept ans !... On se laisse griser.
La sève est du champagne et vous monte à la tête.
On divague ; on se sent aux lèvres un baiser
Qui palpite, là, comme une petite bête.

III

Le cœur fou robinsonne à travers les romans,
Lorsque, dans la clarté pâle d'un réverbère,
Passe une demoiselle aux petits airs charmants
Sous l'ombre du faux-col effrayant de son père.

Et comme elle vous trouve immensément naïf
Tout en faisant trotter ses petites bottines,
Elle se tourne alerte et d'un mouvement vif.
Sur vos lèvres, alors, meurent les cavatines.

IV

Vous êtes amoureux. loué jusqu'au mois d'août !
Vous êtes amoureux : vos sonnets la font rire.
Tous vos amis s'en vont, vous êtes mauvais goût.
— Puis l'adorée, un soir, a daigné vous écrire.

Ce soir-là, vous rentrez aux cafés éclatants,
Vous demandez des bocks ou de la limonade...
On n'est pas sérieux quand on a dix-sept ans
Et qu'on a des tilleuls verts sur la promenade.

Le buffet

C'est un large buffet sculpté : le chêne sombre,
Très vieux, a pris cet air si bon des vieilles gens.
Ce buffet est ouvert et verse dans son ombre,
Comme un flot de vin vieux, des parfums engageants.

Tout plein : c'est un fouillis de vieilles vieilleries,
De linges odorants et jaunes, de chiffons

De femmes et d'enfants, de dentelles flétries,
De fichus de grand-mère où sont peints des griffons.

C'est là qu'on trouverait les médaillons, les mèches
De cheveux blancs ou blonds, les portraits, les fleurs sèches
Dont le parfum se mêle à des parfums de fruits.

O buffet du vieux temps, tu sais bien des histoires !
Et tu voudrais conter tes contes, et tu bruis
Quand s'ouvrent lentement tes grandes portes noires.

GUY DE MAUPASSANT

(1850-1893)

Nuit de neige

La grande plaine est blanche, immobile et sans voix.
Pas un bruit, pas un son ; toute vie est éteinte.
Mais on entend parfois, comme une morne plainte,
Quelque chien sans abri qui hurle au coin d'un bois.

Plus de chansons dans l'air, sous nos pieds plus de chaumes.
L'hiver s'est abattu sur toute floraison.
Des arbres dépouillés dressent à l'horizon
Leurs squelettes blanchis ainsi que des fantômes.

La lune est large et pâle et semble se hâter.
On dirait qu'elle a froid dans le grand ciel austère.
De son morne regard elle parcourt la terre,
Et, voyant tout désert, s'empresse à nous quitter.

Et froids tombent sur nous les rayons qu'elle darde,
Fantastiques lueurs qu'elle s'en va semant.
Et la neige s'éclaire au loin, sinistrement,
Aux étranges reflets de la clarté blafarde.

Oh ! la terrible nuit pour les petits oiseaux !
Un vent glacé frissonne et court par les allées.
Eux, n'ayant plus l'asile ombragé des berceaux,
Ne peuvent pas dormir sur leurs pattes gelées.

Dans les grands arbres nus que couvre le verglas
Ils sont là, tout tremblants, sans rien qui les protège ;
De leur œil inquiet ils regardent la neige,
Attendant jusqu'au jour la nuit qui ne vient pas.

PAUL VERLAINE

(1844-1896)

Chanson d'automne

Les sanglots longs
Des violons
De l'automne
Blessent mon cœur
D'une langueur
Monotone.

Tout suffocant
Et blême, quand
Sonne l'heure,
Je me souviens
Des jours anciens
Et je pleure.

Et je m'en vais
Au vent mauvais
Qui m'emporte
Deçà, delà,
Pareil à la
Feuille morte.

Le ciel est, par-dessus le toit,
Si bleu, si calme !
Un arbre, par-dessus le toit,
Berce sa palme.

La cloche, dans le ciel qu'on voit,
Doucement tinte,
Un oiseau sur l'arbre qu'on voit,
Chante sa plainte.

Mon Dieu, mon Dieu, la vie est là
Simple et tranquille.
Cette paisible rumeur-là
Vient de la ville.

Qu'as-tu fait, ô toi que voilà
Pleurant sans cesse,
Dis, qu'as-tu fait, toi que voilà,
De ta jeunesse ?

Ariette

Il pleure dans mon cœur
Comme il pleut sur la ville ;
Quelle est cette langueur
Qui pénètre mon cœur ?

O bruit doux de la pluie
Par terre et sur les toits !
Pour un cœur qui s'ennuie
O le chant de la pluie !

Il pleure sans raison
Dans ce cœur qui s'écœure.
Quoi ! Nulle trahison ?...
Ce deuil est sans raison.

C'est bien la pire peine
De ne savoir pourquoi
Sans amour et sans haine
Mon cœur a tant de peine !

Mon rêve familier

Je fais souvent ce rêve étrange et pénétrant
D'une femme inconnue, et que j'aime, et qui m'aime,
Et qui n'est, chaque fois, ni tout à fait la même
Ni tout à fait une autre, et m'aime et me comprend.

Car elle me comprend, et mon cœur, transparent
Pour elle seule, hélas ! cesse d'être un problème
Pour elle seule, et les moiteurs de mon front blême,
Elle seule les sait rafraîchir, en pleurant.

Est-elle brune, blonde ou rousse ? — Je l'ignore.
Son nom ? Je me souviens qu'il est doux et sonore
Comme ceux des aimés que la Vie exila.

Son regard est pareil au regard des statues,
Et, pour sa voix, lointaine, et calme, et grave, elle a
L'inflexion des voix chères qui se sont tues.

Colloque sentimental

Dans le vieux parc solitaire et glacé,
Deux formes ont tout à l'heure passé.

Leurs yeux sont morts et leurs lèvres sont molles,
Et l'on entend à peine leurs paroles.

Dans le vieux parc solitaire et glacé,
Deux spectres ont évoqué le passé.

— Te souvient-il de notre extase ancienne ?
— Pourquoi voulez-vous donc qu'il m'en souvienne ?

— Ton cœur bat-il toujours à mon seul nom ?
Toujours vois-tu mon âme en rêve ? — Non.

— Ah ! les beaux jours de bonheur indicible
Où nous joignions nos bouches ! — C'est possible.

— Qu'il était bleu, le ciel, et grand, l'espoir !
— L'espoir a fui, vaincu, vers le ciel noir.

Tels ils marchaient dans les avoines folles,
Et la nuit seule entendit leurs paroles.

Dans l'interminable
Ennui de la plaine
La neige incertaine
Luit comme du sable.

Le ciel est de cuivre
Sans lueur aucune.
On croirait voir vivre
Et mourir la lune.

Comme des nuées
Flottent gris les chênes
Des forêts prochaines
Parmi les buées.

Le ciel est de cuivre
Sans lueur aucune.
On croirait voir vivre
Et mourir la lune.

Corneille poussive
Et vous, les loups maigres,
Par ces bises aigres
Quoi donc vous arrive ?

Dans l'interminable
Ennui de la plaine
La neige incertaine
Luit comme du sable.

CHARLES CROS

(1842-1888)

Conclusion

J'ai rêvé les amours divins,
L'ivresse des bras et des vins,
L'or, l'argent, les royaumes vains,

Moi, dix-huit ans, Elle, seize ans.
Parmi les sentiers amusants
Nous irions sur nos alezans.

Il est loin le temps des aveux
Naïfs, des téméraires vœux !
Je n'ai d'argent qu'en mes cheveux.

Les âmes dont j'aurais besoin
Et les étoiles sont trop loin.
Je vais mourir soûl, dans mon coin.

STÉPHANE MALLARMÉ

(1842-1898)

Renouveau

Le printemps maladif a chassé tristement
L'hiver, saison de l'art serein, l'hiver lucide,
Et, dans mon être à qui le sang morne préside
L'impuissance s'étire en un long bâillement.

Des crépuscules blancs tiédissent sous mon crâne
Qu'un cercle de fer serre ainsi qu'un vieux tombeau
Et triste, j'erre après un rêve vague et beau,
Par les champs où la sève immense se pavane

Puis je tombe énervé de parfums d'arbres, las,
Et creusant de ma face une fosse à mon rêve,
Mordant la terre chaude où poussent les lilas,

J'attends, en m'abîmant que mon ennui s'élève...
— Cependant l'Azur rit sur la haie et l'éveil
De tant d'oiseaux en fleur gazouillant au soleil.

Apparition

La lune s'attristait. Des séraphins en pleurs
Rêvant, l'archet aux doigts, dans le calme des fleurs
Vaporeuses, tiraient de mourantes violes
De blancs sanglots glissant sur l'azur des corolles.
— C'était le jour béni de ton premier baiser.
Ma songerie aimant à me martyriser
S'enivrait savamment du parfum de tristesse
Que même sans regret et sans déboire laisse
La cueillaison d'un Rêve au cœur qui l'a cueilli.
J'errais donc, l'œil rivé sur le pavé vieilli,
Quand, avec du soleil aux cheveux, dans la rue
Et dans le soir, tu m'es en riant apparue.
Et j'ai cru voir la fée au chapeau de clarté
Qui jadis sur mes beaux sommeils d'enfant gâté
Passait, laissant toujours de ses mains mal fermées
Neiger de blancs bouquets d'étoiles parfumées.

JOSÉ-MARIA DE HÉRÉDIA

(1842-1905)

Vitrail

Cette verrière a vu dames et hauts barons
Etincelants d'azur, d'or, de flamme et de nacre,
Incliner, sous la dextre auguste qui consacre,
L'orgueil de leurs cimiers et de leurs chaperons ;

Lorsqu'ils allaient, au bruit du cor ou des clairons,
Ayant le glaive au poing, le gerfaut ou le sacre,
Vers la plaine ou le bois, Byzance ou Saint-Jean d'Acre,
Partir pour la croisade ou le vol des hérons.

Aujourd'hui, les seigneurs auprès des châtelaines,
Avec le lévrier à leurs longues poulaines,
S'allongent aux carreaux de marbre blanc et noir ;

Ils gisent là sans voix, sans geste et sans ouïe,
Et de leurs yeux de pierre ils regardent sans voir
La rose du vitrail toujours épanouie.

ARMAND SULLY PRUDHOMME

(1839-1907)

Ici-bas

Ici-bas tous les lilas meurent,
Tous les chants des oiseaux sont courts ;
Je rêve aux étés qui demeurent
Toujours...

Ici-bas les lèvres effleurent
Sans rien laisser de leur velours ;
Je rêve aux baisers qui demeurent
Toujours...

Ici-bas tous les hommes pleurent
Leurs amitiés ou leurs amours ;
Je rêve aux couples qui demeurent
Toujours...

Le vase brisé

Le vase où meurt cette verveine
D'un coup d'éventail fut fêlé ;
Le coup dut l'effleurer à peine,
Aucun bruit ne l'a révélé.

Mais la légère meurtrissure,
Mordant le cristal chaque jour,
D'une marche invisible et sûre
En a fait lentement le tour.

Son eau fraîche a fui goutte à goutte,
Le suc des fleurs s'est épuisé ;
Personne encore ne s'en doute,
N'y touchez pas, il est brisé.

Souvent aussi la main qu'on aime
Effleurant le cœur, le meurtrit ;
Puis, le cœur se fend de lui-même,
La fleur de son amour périt ;

Toujours intact aux yeux du monde,
Il sent croître et pleurer tout bas
Sa blessure fine et profonde :
Il est brisé, n'y touchez pas.

Première Solitude

On voit dans les sombres écoles
Des petits qui pleurent toujours ;
Les autres font leurs cabrioles,
Eux, ils restent au fond des cours.

Leurs blouses sont très bien tirées,
Leurs pantalons en bon état,
Leurs chaussures toujours cirées ;
Ils ont l'air sage et délicat.

Les forts les appellent des filles,
Et les malins des innocents :
Ils sont doux, ils donnent leurs billes,
Ils ne seront pas commerçants.

Les plus poltrons leur font des niches,
Et les gourmands sont leurs copains ;
Leurs camarades les croient riches,
Parce qu'ils se lavent les mains.

Ils frissonnent sous l'œil du maître,
Son ombre les rend malheureux.
Ces enfants n'auraient pas dû naître,
L'enfance est trop dure pour eux !

Oh ! la leçon qui n'est pas sue,
Le devoir qui n'est pas fini !
Une réprimande reçue,
Le déshonneur d'être puni !

Tout leur est terreur et martyre ;
Le jour, c'est la cloche, et, le soir,
Quand le maître enfin se retire,
C'est le désert du grand dortoir.

La lueur des lampes y tremble
Sur les linceuls des lits de fer ;
Le sifflet des dormeurs ressemble
Au vent sur les tombes, l'hiver.

Pendant que les autres sommeillent,
Faits au coucher de la prison,
Ils pensent au dimanche, ils veillent
Pour se rappeler la maison ;

Ils songent qu'ils dormaient naguères
Douillettement ensevelis
Dans les berceaux, et que les mères
Les prenaient parfois dans leurs lits.

O mères, coupables absentes,
Qu'alors vous leur paraissez loin !
A ces créatures naissantes
Il manque un indicible soin ;

On leur a donné les chemises,
Les couvertures qu'il leur faut.
D'autres que vous les leur ont mises,
Elles ne leur tiennent pas chaud.

Mais, tout ingrates que vous êtes,
Ils ne peuvent vous oublier,
Et cachent leurs petites têtes
En sanglotant sous l'oreiller.

Les yeux

Bleus ou noirs, tous aimés, tous beaux,
Des yeux sans nombre ont vu l'aurore ;
Ils dorment au fond des tombeaux,
Et le soleil se lève encore.

Les nuits, plus douces que les jours,
Ont enchanté des yeux sans nombre ;
Les étoiles brillent toujours,
Et les yeux se sont remplis d'ombre.

Oh ! qu'ils aient perdu le regard,
Non, non, cela n'est pas possible !
Ils se sont tournés quelque part
Vers ce qu'on nomme l'invisible ;

Et comme les astres penchants
Nous quittent, mais au ciel demeurent,
Les prunelles ont leurs couchants,
Mais il n'est pas vrai qu'elles meurent.

Bleus ou noirs, tous aimés, tous beaux,
Ouverts à quelque immense aurore,
De l'autre côté des tombeaux
Les yeux qu'on ferme voient encore.

JEAN-BAPTISTE CLEMENT

(1836-1903)

Le temps des cerises

Quand nous en serons au temps des cerises,
Et gai rossignol et merle moqueur
          Seront tous en fête.
Les belles auront la folie en tête
Et les amoureux du soleil au cœur.
Quand nous en serons au temps des cerises,
Sifflera bien mieux le merle moqueur.

Mais il est bien court le temps des cerises,
Où l'on s'en va deux cueillir en rêvant
          Des pendants d'oreilles,
Cerises d'amour aux robes pareilles
Tombant sous la feuille en gouttes de sang.
Mais il est bien court le temps des cerises,
Pendants de corail qu'on cueille en rêvant.

Quand vous en serez au temps des cerises,
Si vous avez peur des chagrins d'amour
          Evitez les belles.
Moi qui ne crains pas les peines cruelles,
Je ne vivrai pas sans souffrir un jour.
Quand vous en serez au temps des cerises,
Vous aurez aussi des chagrins d'amour.

J'aimerai toujours le temps des cerises :
C'est de ce temps-là que je garde au cœur
Une plaie ouverte,
Et dame Fortune, en m'étant offerte,
Ne saurait jamais calmer ma douleur.
J'aimerai toujours le temps des cerises
Et le souvenir que je garde au cœur.

THÉODORE DE BANVILLE

(1823-1891)

A la Font-Georges

(extrait)

Ruisseaux ! forêts ! silence !
O mes amours d'enfance !
Mon âme, sans témoins,
    Vous aime moins

Que ce jardin morose
Sans verdure et sans rose
Et ces sombres massifs
    D'antiques ifs,

Et ce chemin de sable,
Où j'eus l'heur ineffable,
Pour la première fois,
    D'ouïr sa voix !

Où, rêveuse, l'amie
Doucement obéie,
S'appuyant à mon bras,
    Parlait tout bas,

Pensive et recueillie,
Et d'une fleur cueillie
Brisant le cœur discret
    D'un doigt distrait,

A l'heure où sous leurs voiles
Les tremblantes étoiles
Brodent le ciel changeant
    De fleurs d'argent.

CHARLES BAUDELAIRE

(1821-1867)

Harmonie du soir

Voici venir les temps où vibrant sur sa tige
Chaque fleur s'évapore ainsi qu'un encensoir ;
Les sons et les parfums tournent dans l'air du soir ;
Valse mélancolique et langoureux vertige !

Chaque fleur s'évapore ainsi qu'un encensoir ;
Le violon frémit comme un cœur qu'on afflige ;
Valse mélancolique et langoureux vertige !
Le ciel est triste et beau comme un grand reposoir.

Le violon frémit comme un cœur qu'on afflige,
Un cœur tendre qui hait le néant vaste et noir !
Le ciel est triste et beau comme un grand reposoir ;
Le soleil s'est noyé dans son sang qui se fige...

Un cœur tendre qui hait le néant vaste et noir,
Du passé lumineux recueille tout vestige !
Le soleil s'est noyé dans son sang qui se fige...
Ton souvenir en moi luit comme un ostensoir !

Recueillement

Sois sage, ô ma Douleur, et tiens-toi plus tranquille.
Tu réclamais le Soir ; il descend ; le voici :
Une atmosphère obscure enveloppe la ville,
Aux uns portant la paix, aux autres le souci.

Pendant que des mortels la multitude vile,
Sous le fouet du Plaisir, ce bourreau sans merci,
Va cueillir des remords dans la fête servile,
Ma Douleur, donne-moi la main ; viens par ici,

Loin d'eux. Vois se pencher les défuntes Années,
Sur les balcons du ciel, en robes surannées ;
Surgir du fond des eaux le Regret souriant ;

Le Soleil moribond s'endormir sous une arche,
Et, comme un long linceul traînant à l'Orient,
Entends, ma chère, entends la douce Nuit qui marche.

L'ennemi

Ma jeunesse ne fut qu'un ténébreux orage,
Traversé çà et là par de brillants soleils ;
Le tonnerre et la pluie ont fait un tel ravage,
Qu'il reste en mon jardin bien peu de fruits vermeils.

Voilà que j'ai touché l'automne des idées,
Et qu'il faut employer la pelle et les râteaux
Pour rassembler à neuf les terres inondées,
Où l'eau creuse des trous grands comme des tombeaux.

Et qui sait si les fleurs nouvelles que je rêve
Trouveront dans ce sol lavé comme une grève
Le mystique aliment qui ferait leur vigueur ?

— O douleur ! ô douleur ! Le Temps mange la vie,
Et l'obscur ennemi qui nous ronge le cœur
Du sang que nous perdons croît et se fortifie !

Chant d'automne

I

Bientôt nous plongerons dans les froides ténèbres ;
Adieu, vive clarté de nos étés trop courts !
J'entends déjà tomber avec des chocs funèbres
Le bois retentissant sur le pavé des cours.

Tout l'hiver va rentrer dans mon être : colère,
Haine, frissons, horreur, labeur dur et forcé,
Et, comme le soleil dans son enfer polaire,
Mon cœur ne sera plus qu'un bloc rouge et glacé.

J'écoute en frémissant chaque bûche qui tombe ;
L'échafaud qu'on bâtit n'a pas d'écho plus sourd.
Mon esprit est pareil à la tour qui succombe
Sous les coups du bélier infatigable et lourd.

Il me semble, bercé par ce choc monotone,
Qu'on cloue en grande hâte un cercueil quelque part...
Pour qui ? — C'était hier l'été ; voici l'automne !
Ce bruit mystérieux sonne comme un départ.

II

J'aime de vos longs yeux la lumière verdâtre,
Douce beauté, mais tout aujourd'hui m'est amer,
Et rien, ni votre amour, ni le boudoir, ni l'âtre,
Ne me vaut le soleil rayonnant sur la mer.

**Et pourtant aimez-moi, tendre cœur ! soyez mère,
Même pour un ingrat, même pour un méchant ;
Amante ou sœur, soyez la douceur éphémère
D'un glorieux automne ou d'un soleil couchant.**

**Courte tâche ! La tombe attend ; elle est avide !
Ah ! laissez-moi, mon front posé sur vos genoux,
Goûter, en regrettant l'été blanc et torride,
De l'arrière-saison le rayon jaune et doux !**

CHARLES MARIE LECONTE DE LISLE

(1818-1894)

Christine

Une étoile d'or là-bas illumine
Le bleu de la nuit, derrière les monts ;
La lune blanchit la verte colline :
— Pourquoi pleures-tu, petite Christine ?
Il est tard, dormons.

— Mon fiancé dort sous la noire terre,
Dans la froide tombe il rêve de nous.
Laissez-moi pleurer, ma peine est amère ;
Laissez-moi gémir et veiller, ma mère :
Les pleurs me sont doux. —

La mère repose, et Christine pleure,
Immobile auprès de l'âtre noirci.
Au long tintement de la douzième heure,
Un doigt léger frappe à l'humble demeure :
— Qui donc vient ici ?

— Tire le verrou, Christine, ouvre vite :
C'est ton jeune ami, c'est ton fiancé.
Un suaire étroit à peine m'abrite ;
J'ai quitté pour toi, ma chère petite,
Mon tombeau glacé. —

Et cœur contre cœur tous deux ils s'unissent.
Chaque baiser dure une éternité :
Les baisers d'amour jamais ne finissent.
Ils causent longtemps ; mais les heures glissent,
Le coq a chanté.

Le coq a chanté, voici l'aube claire ;
L'étoile s'éteint, le ciel est d'argent.
— Adieu, mon amour, souviens-toi, ma chère !
Les morts vont rentrer dans la noire terre
Jusqu'au jugement.

— O mon fiancé, souffres-tu, dit-elle,
Quand le vent d'hiver gémit dans les bois,
Quand la froide pluie aux tombeaux ruisselle ?
Pauvre ami, couché dans l'ombre éternelle,
Entends-tu ma voix ?

— Au rire joyeux de ta lèvre rose,
Mieux qu'au soleil d'or le pré rougissant,
Mon cercueil s'emplit de feuilles de rose ;
Mais tes pleurs amers dans ma tombe close
Font pleuvoir du sang.

— Ne pleure jamais ! Ici-bas tout cesse,
Mais le vrai bonheur nous attend au ciel,
Si tu m'as aimé, garde ma promesse :
Dieu nous rendra tout, amour et jeunesse,
Au jour éternel.

— Non ! je t'ai donné ma foi virginale ;
Pour me suivre aussi, ne mourrais-tu pas ?
Non ! je veux dormir ma nuit nuptiale,
Blanche, à tes côtés, sous la lune pâle,
Morte entre tes bras ! —

Lui ne répond rien. Il marche et la guide,
A l'horizon bleu le soleil paraît.
Ils hâtent alors leur course rapide,
Et vont, traversant sur la mousse humide
La longue forêt.

— Adieu, quitte-moi, reprends ton chemin.
Mon unique amour, entends ma prière ! —

Mais Elle au tombeau descend la première,
Et lui tend la main.

Et, depuis ce jour, sous la croix de cuivre,
Dans la même tombe ils dorment tous deux,
O sommeil divin dont le charme enivre !
Ils aiment toujours. Heureux qui peut vivre
Et mourir comme eux !

Nox

Sur la pente des monts les brises apaisées
Inclinent au sommeil les arbres onduleux ;
L'oiseau silencieux s'endort dans les rosées,
Et l'étoile a doré l'écume des flots bleus.

Au contour des ravins, sur les hauteurs sauvages,
Une molle vapeur efface les chemins ;
La lune tristement baigne les noirs feuillages ;
L'oreille n'entend plus les murmures humains.

Mais sur le sable au loin chante la mer divine,
Et des hautes forêts gémit la grande voix,
Et l'air sonore, aux cieux que la nuit illumine,
Porte le chant des mers et le soupir des bois.

Montez, saintes rumeurs, paroles surhumaines,
Entretien lent et doux de la terre et du ciel !
Montez, et demandez aux étoiles sereines
S'il est pour les atteindre un chemin éternel.

O mers, ô bois songeurs, voix pieuse du monde,
Vous m'avez répondu durant mes jours mauvais ;
Vous avez apaisé ma tristesse inféconde,
Et dans mon cœur aussi vous chantez à jamais !

THÉOPHILE GAUTIER

(1811-1872)

Pensées d'automne

**L'automne va finir ; au milieu du ciel terne,
Dans un cercle blafard et livide que cerne
Un nuage plombé, le soleil dort ; du fond
Des étangs remplis d'eau monte un brouillard qui fond
Collines, champs, hameaux dans une même teinte.
Sur les carreaux la pluie en larges gouttes tinte ;
La froide bise siffle ; un sourd frémissement
Sort du sein des forêts ; les oiseaux tristement,
Mêlant leurs cris plaintifs aux cris des bêtes fauves,
Sautent de branche en branche à travers les bois chauves,
Et semblent aux beaux jours envolés dire adieu.
Le pauvre paysan se recommande à Dieu,
Craignant un hiver rude ; et moi, dans les vallées,
Quand je vois le gazon sous les branches gelées
Disparaître et mourir, je reviens à pas lents
M'asseoir le cœur navré près des tisons brûlants,
Et là je me souviens du soleil de septembre
Qui donnait à la grappe un jaune reflet d'ambre,
Des pommiers du chemin pliant sous leur fardeau,
Et du trèfle fleuri, pittoresque rideau
S'étendant à longs plis sur la plaine rayée,
Et de la route étroite en son milieu frayée,
Et surtout des bleuets et des coquelicots,
Points de pourpre et d'azur dans l'or des blés égaux.**

Soleil couchant

**En passant sur le pont de la Tournelle, un soir,
Je me suis arrêté quelques instants pour voir
Le soleil se coucher derrière Notre-Dame.
Un nuage splendide à l'horizon de flamme,
Tel qu'un oiseau géant qui va prendre l'essor,
D'un bout du ciel à l'autre ouvrait ses ailes d'or.**

**— Et c'était des clartés à baisser la paupière.
Les tours au front orné de dentelles de pierre,
Le drapeau que le vent fouette, les minarets
Qui s'élèvent pareils aux sapins des forêts,
Les pignons tailladés que surmontent des anges
Aux corps roides et longs, aux figures étranges,
D'un fond clair ressortaient en noir. L'archevêché,
Comme au pied de sa mère un jeune enfant couché
Se dessinait au pied de l'église, dont l'ombre
S'allongeait à l'entour mystérieuse et sombre.
Plus loin, un rayon rouge allumait les carreaux
D'une maison du quai. — L'air était doux ; les eaux
Se plaignaient contre l'arche à doux bruit, et la vague
De la vieille cité berçait l'image vague ;
Et moi, je regardais toujours, ne songeant pas
Que la nuit étoilée arrivait à grands pas.**

Diamant du cœur

Tout amoureux, de sa maîtresse,
Sur son cœur ou dans son tiroir,
Possède un gage qu'il caresse
Aux jours de regret ou d'espoir.

L'un d'une chevelure noire,
Par un sourire encouragé,
A pris une boucle que moire
Un reflet bleu d'aile de geai.

L'autre a, sur un cou blanc qui ploie,
Coupé par derrière un flocon
Retors et fin comme la soie
Que l'on dévide du cocon.

Un troisième, au fond d'une boîte,
Reliquaire du souvenir,
Cache un gant blanc de forme étroite,
Où nulle main ne peut tenir.

Cet autre pour s'en faire un charme,
Dans un sachet, d'un chiffre orné,
Coud des violettes de Parme,
Frais cadeau qu'on reprend fané.

Celui-ci baise la pantoufle
Que Cendrillon perdit un soir ;
Et celui-là conserve un souffle
Dans la barbe d'un masque noir.

Moi, je n'ai ni boucle lustrée,
Ni gant, ni bouquet, ni soulier,
Mais je garde, empreinte adorée,
Une larme sur un papier :

Pure rosée, unique goutte,
D'un ciel d'azur tombée un jour,
Joyau sans prix, perle dissoute
Dans la coupe de mon amour !

Et, pour moi, cette obscure tache
Reluit comme un écrin d'Ophyr,
Et du vélin bleu se détache,
Diamant éclos d'un saphir.

Cette larme, qui fait ma joie,
Roula, trésor inespéré,
Sur un de mes vers qu'elle noie,
D'un œil qui n'a jamais pleuré !

Clair de lune sentimental

A travers la folle risée
Que Saint-Marc renvoie au Lido,
Une gamme monte en fusée,
Comme au clair de lune un jet d'eau...

A l'air qui jase d'un ton bouffe
Et secoue au vent ses grelots,
Un regret, ramier qu'on étouffe,
Par instants mêle ses sanglots.

Au loin, dans la brume sonore,
Comme un rêve presque effacé,
J'ai revu, pâle et triste encore,
Mon vieil amour de l'an passé.

Mon âme en pleurs s'est souvenue
De l'avril où, guettant au bois
La violette à sa venue,
Sous l'herbe nous mêlions nos doigts...

Cette note de chanterelle,
Vibrant comme l'harmonica,
C'est la voix enfantine et grêle,
Flèche d'argent qui me piqua.

Le son en est si faux, si tendre,
Si moqueur, si doux, si cruel,
Si froid, si brûlant, qu'à l'entendre
On ressent un plaisir mortel,

Et que mon cœur, comme la voûte
Dont l'eau pleure dans un bassin,
Laisse tomber goutte par goutte
Ses larmes rouges dans mon sein.

Jovial et mélancolique,
Ah ! vieux thème du carnaval,
Où le rire aux larmes réplique,
Que ton charme m'a fait de mal !

ALFRED DE MUSSET

(1810-1857)

La nuit d'octobre

(extrait)

Honte à toi qui la première
M'as appris la trahison,
Et d'horreur et de colère
M'as fait perdre la raison !
Honte à toi, femme à l'œil sombre,
Dont les funestes amours
Ont enseveli dans l'ombre
Mon printemps et mes beaux jours !
C'est ta voix, c'est ton sourire,
C'est ton regard corrupteur,
Qui m'ont appris à maudire
Jusqu'au semblant du bonheur ;
C'est ta jeunesse et tes charmes
Qui m'ont fait désespérer,
Et si je doute des larmes,
C'est que je t'ai vu pleurer.
Honte à toi ! j'étais encore
Aussi simple qu'un enfant ;
Comme une fleur à l'aurore,
Mon cœur s'ouvrait en t'aimant.
Certes, ce cœur sans défense
Put sans peine être abusé ;
Mais lui laisser l'innocence
Etait encor plus aisé.
Honte à toi ! tu fus la mère
De mes premières douleurs,

Et tu fis de ma paupière
Jaillir la source des pleurs !
Elle coule, sois-en sûre,
Et rien ne la tarira ;
Elle sort d'une blessure
Qui jamais ne guérira ;
Mais dans cette source amère
Du moins je me laverai,
Et j'y laisserai, j'espère,
Ton souvenir abhorré !

Souvenir

(extrait)

J'espérais bien pleurer, mais je croyais souffrir
En osant te revoir, place à jamais sacrée,
O la plus chère tombe et la plus ignorée
Où dorme un souvenir !

Que redoutiez-vous donc de cette solitude,
Et pourquoi, mes amis, me preniez-vous la main,
Alors qu'une si douce et si vieille habitude
Me montrait ce chemin ?

Les voilà ces coteaux, ces bruyères fleuries
Et ces pas argentins sur le sable muet.
Ces sentiers amoureux, remplis de causeries.
Où son bras m'enlaçait.

Les voilà ces sapins à la sombre verdure.
Cette gorge profonde aux nonchalants détours,
Ces sauvages amis, dont l'antique murmure
A bercé mes beaux jours.

Les voilà ces buissons, où toute ma jeunesse
Comme un essaim d'oiseaux chante au bruit de mes pas,
Lieux charmants, beau désert où passa ma maîtresse,
Ne m'attendiez-vous pas ?

Ah ! laissez-les couler, elles me sont bien chères,
Ces larmes que soulève un cœur encor blessé !
Ne les essuyez pas, laissez sur mes paupières
Ce voile du passé !

Je ne viens point jeter un regret inutile
Dans l'écho de ces bois témoins de mon bonheur.
Fière est cette forêt dans sa beauté tranquille
Et fier aussi mon cœur.

Que celui-là se livre à des plaintes amères
Qui s'agenouille et prie au tombeau d'un ami.
Tout respire en ces lieux ; les fleurs des cimetières
Ne poussent point ici.

Voyez ! la lune monte à travers ces ombrages ;
Ton regard tremble encor, belle reine des nuits,
Mais du sombre horizon déjà tu te dégages
Et tu t'épanouis.

Ainsi de cette terre, humide encore de pluie,
Sortent, sous tes rayons, tous les parfums du jour ;
Aussi calme, aussi pur, de mon âme attendrie
Sort mon ancien amour.

Adieu

Adieu ! je crois qu'en cette vie
Je ne te reverrai jamais.
Dieu passe, il t'appelle et m'oublie ;
En te perdant, je sens que je t'aimais.

Pas de pleurs, pas de plainte vaine.
Je sais respecter l'avenir.
Vienne la voile qui t'emmène,
En souriant, je la verrai partir.

Tu t'en vas pleine d'espérance,
Avec orgueil tu reviendras ;
Mais ceux qui vont souffrir de ton absence,
Tu ne les reconnaîtras pas.

Adieu ! tu vas faire un beau rêve,
Et t'enivrer d'un plaisir dangereux ;
Sur ton chemin l'étoile qui se lève
Longtemps encore éblouira tes yeux.

Un jour tu sentiras peut-être
Le prix d'un cœur qui nous comprend,
Le bien qu'on trouve à le connaître,
Et ce qu'on souffre en le perdant.

Chanson de Fortunio

Si vous croyez que je vais dire
Qui j'ose aimer,
Je ne saurais, pour un empire,
Vous la nommer.

Nous allons chanter à la ronde,
Si vous voulez,
Que je l'adore et qu'elle est blonde
Comme les blés.

Je fais ce que sa fantaisie
Veut m'ordonner,
Et je puis, s'il lui faut ma vie,
La lui donner.

Du mal qu'une amour ignorée
Nous fait souffrir,
J'en porte l'âme déchirée
Jusqu'à mourir.

Mais j'aime trop pour que je die
Qui j'ose aimer,
Et je veux mourir pour ma mie
Sans la nommer.

L'étoile du soir

Pâle étoile du soir, messagère lointaine,
Dont le front sort brillant des voiles du couchant,
De ton palais d'azur, au sein du firmament,
    Que regardes-tu dans la plaine ?

La tempête s'éloigne, et les vents sont calmés.
La forêt, qui frémit, pleure sur la bruyère ;
Le phalène doré, dans sa course légère,
    Traverse les prés embaumés.

Que cherches-tu sur la terre endormie ?
Mais déjà vers les monts je te vois t'abaisser ;
Tu fuis en souriant, mélancolique amie,
Et ton tremblant regard est près de s'effacer.

Etoile qui descends sur la verte colline,
Triste larme d'argent du manteau de la Nuit,
Toi que regarde au loin le pâtre qui chemine,
Tandis que pas à pas son long troupeau le suit, —

Etoile, où t'en vas-tu dans cette nuit immense ?
Cherches-tu sur la rive un lit dans les roseaux ?
Ou t'en vas-tu, si belle, à l'heure du silence,
Tomber comme une perle au sein profond des eaux ?

Ah ! si tu dois mourir, bel astre, et si ta tête
Va dans la vaste mer plonger ses blonds cheveux,
Avant de nous quitter, un seul instant arrête ; —
Etoile de l'amour, ne descends pas des cieux.

GÉRARD DE NERVAL

(1808-1855)

La vie antérieure

Il est un air pour qui je donnerais
Tout Rossini, tout Mozart et tout Weber,
Un air très vieux, languissant et funèbre,
Qui pour moi seul a des charmes secrets.

Or, chaque fois que je viens à l'entendre,
De deux cents ans mon âme rajeunit :
C'est sous Louis treize... Et je crois voir s'étendre
Un coteau vert que le couchant jaunit,

Puis un château de brique à coins de pierre,
Aux vitraux teints de rougeâtres couleurs,
Ceint de grands parcs, avec une rivière
Baignant ses pieds, qui coule entre des fleurs.

Puis une dame, à sa haute fenêtre,
Blonde aux yeux noirs, en ses habits anciens,
Que, dans une autre existence peut-être,
J'ai déjà vue ! — et dont je me souviens !

Une allée du Luxembourg

Elle a passé, la jeune fille,
Vive et preste comme un oiseau :
A la main une fleur qui brille,
A la bouche un refrain nouveau.

C'est peut-être la seule au monde
Dont le cœur au mien répondrait,
Qui venant dans ma nuit profonde
D'un seul regard l'éclaircirait !

Mais non, ma jeunesse est finie...
Adieu, doux rayon qui m'as lui,
Parfum, jeune fille, harmonie...
Le bonheur passait, il a fui !

CHARLES-AUGUSTIN DE SAINTE-BEUVE

(1804-1869)

I

Oh ! laissez-vous aimer !... ce n'est pas un retour,
Ce n'est pas un aveu que mon ardeur réclame ;
Ce n'est pas de verser mon âme dans votre âme,
Ni de vous enivrer des langueurs de l'amour ;

Ce n'est pas d'enlacer en mes bras le contour
De ce bras, de ce sein ; d'embraser de ma flamme
Ces lèvres de corail si fraîches ; non, madame,
Mon feu pour vous est pur, aussi pur que le jour.

Mais seulement, le soir, vous parler à la fête,
Et tout bas, bien longtemps, vers vous penchant la tête,
Murmurer de ces riens qui vous savent charmer ;

Voir vos yeux indulgents plus mollement reluire,
Puis prendre votre main, et courant, vous conduire
A la danse légère... oh ! laissez-vous aimer !

II

Madame, il est donc vrai, vous n'avez pas voulu,
Vous n'avez pas voulu comprendre mon doux rêve ;
Votre voix m'a glacé d'une parole brève,
Et vos regards distraits dans mes yeux ont mal lu.

Madame, il m'est cruel de vous avoir déplu :
Tout mon espoir s'éteint et mon malheur s'achève ;
Mais vous, qu'en votre cœur nul regret ne s'élève !
Ne dites pas : « Peut-être il aurait mieux valu... »

Croyez avoir bien fait ; et, si pour quelque peine
Vous pleurez, que ce soit pour un peigne d'ébène,
Pour un bouquet perdu, pour un ruban gâté !

Ne connaissez jamais de peine plus amère ;
Que votre enfant vermeil joue à votre côté,
Et pleure seulement de voir pleurer sa mère !

La plaine

Octobre.

Après la moisson faite et tous les blés rentrés,
Quand depuis plus d'un mois les champs sont labourés,
Qu'il gèlera demain, et qu'une fois encore
L'Automne, du plus haut des coteaux qu'elle dore,
Se retourne en fuyant, le front dans un brouillard,
Oh ! que la plaine est triste autour du boulevard !
C'est au premier coup d'œil une morne étendue,
Sans couleur ; çà et là quelque maison perdue,
Murs frêles, pignons blancs en tuiles recouverts ;
Une haie à l'entour en buissons jadis verts ;
Point de fumée au toit ni de lueur dans l'âtre ;
De grands tas aux rebords des carrières de plâtre ;
Des moulins qui n'ont rien à moudre, ou ne pouvant
Qu'à peine remuer leurs quatre ailes au vent,
Et loin, sur les coteaux, au-dessus des villages,
De longs bois couronnés de leurs derniers feuillages.
Car, tandis que de l'arbre en la plaine isolé
Le beau feuillage au vent s'en est d'abord allé,
Les bois sur les coteaux, comme l'homme en famille,
Résistent plus longtemps ; un pâle rayon brille
Sur ce front de verdure à demi desséché,
Quand pour d'autres déjà le soleil s'est couché.
Mais dans la plaine, quoi ? des jachères pierreuses,
Et de maigres sillons en veines malheureuses,
Que la bêche, à défaut de charrue, a creusés ;
Et sur des ceps flétris des échalas brisés ;
De la cendre par place, un reste de fumée,
Et le sol tout noirci de paille consumée ;
Parfois un pâtre enfant, à la main son pain bis,

Dans le chaume des blés paissant quelques brebis ;
A ses pieds son chien noir, regardant d'un air grave
Une vieille qui glane au champ de betterave.
Et de loin l'on entend la charrette crier
Sous le fumier infect, le fouet du voiturier ;
De plus près les grillons sous l'herbe sans rosée ;
Ou l'abeille qui meurt sur la ronce épuisée,
Ou craquer dans le foin un insecte sans nom ;
D'ailleurs personne là pour son plaisir, sinon
Des chasseurs, par les champs, regagnant leurs demeures,
Sans avoir aperçu gibier depuis six heures...
Moi pourtant je traverse encore à pas oisifs
Et je m'en vais là-bas m'asseoir où sont les ifs.

VICTOR HUGO

(1802-1885)

Chants du crépuscule

Puisque j'ai mis ma lèvre à ta coupe encor pleine ;
Puisque j'ai dans tes mains posé mon front pâli ;
Puisque j'ai respiré parfois la douce haleine
De ton âme, parfum dans l'ombre enseveli ;

Puisqu'il me fut donné de t'entendre me dire
Les mots où se répand le cœur mystérieux ;
Puisque j'ai vu pleurer, puisque j'ai vu sourire
Ta bouche sur ma bouche et tes yeux sur mes yeux ;

Puisque j'ai vu briller sur ma tête ravie
Un rayon de ton astre, hélas ! voilé toujours ;
Puisque j'ai vu tomber dans l'onde de ma vie
Une feuille de rose arrachée à tes jours ;

Je puis maintenant dire aux rapides années :
— Passez ! passez toujours ! je n'ai plus à vieillir !
Allez-vous-en avec vos fleurs toutes fanées ;
J'ai dans l'âme une fleur que nul ne peut cueillir.

Votre aile en le heurtant ne fera rien répandre
Du vase où je m'abreuve et que j'ai bien rempli.
Mon âme a plus de feu que vous n'avez de cendre !
Mon cœur a plus d'amour que vous n'avez d'oubli !

Tristesse d'Olympio

(extrait)

Les champs n'étaient point noirs, les cieux n'étaient pas mornes,
Non, le jour rayonnait dans un azur sans bornes
Sur la terre étendu,
L'air était plein d'encens et les prés de verdures
Quand il revit ces lieux où par tant de blessures
Son cœur s'est répandu !

L'automne souriait ; les coteaux vers la plaine
Penchaient leurs bois charmants qui jaunissaient à peine ;
Le ciel était doré ;
Et les oiseaux tournés vers Celui que tout nomme,
Disant peut-être à Dieu quelquc chose de l'homme,
Chantaient lcur chant sacré.

Il voulut tout revoir, l'étang près de la source,
La masure où l'aumône avait vidé leur bourse,
Le vieux frêne plié,
Les retraites d'amour au fond des bois perdues,
L'arbre où dans les baisers leurs âmes confondues
Avaient tout oublié.

Il chercha le jardin, la maison isolée,
La grille d'où l'œil plonge en une oblique allée,
Les vergers en talus.
Pâle, il marchait. — Au bruit de son pas grave et sombre,
Il voyait à chaque arbre, hélas ! se dresser l'ombre
Des jours qui ne sont plus !

Il contempla longtemps les formes magnifiques
Que la nature prend dans les champs pacifiques :
Il rêva jusqu'au soir ;
Tout le jour il erra le long de la ravine,
Admirant tout à tour le ciel, face divine,
Le lac, divin miroir !

Hélas ! se rappelant ses douces aventures,
Regardant, sans entrer, par-dessus les clôtures,
Ainsi qu'un paria,
Il erra tout le jour. Vers l'heure où la nuit tombe,
Il se sentit le cœur triste comme une tombe ;
Alors il s'écria :

« O douleur ! j'ai voulu, moi dont l'âme est troublée
Savoir si l'urne encor conservait la liqueur,
Et voir ce qu'avait fait cette heureuse vallée
De tout ce que j'avais laissé là de mon cœur !

« Que peu de temps suffit pour changer toutes choses !
Nature au front serein, comme vous oubliez !
Et comme vous brisez dans vos métamorphoses
Les fils mystérieux où nos cœurs sont liés !

« Nos chambres de feuillage en halliers sont changées !
L'arbre où fut notre chiffre est mort ou renversé ;
Nos roses dans l'enclos ont été ravagées
Par les petits enfants qui sautent le fossé.

« Un mur clôt la fontaine où, par l'heure échauffée,
Folâtre, elle buvait en descendant des bois ;
Elle prenait de l'eau dans sa main, douce fée,
Et laissait retomber des perles de ses doigts !

« On a pavé la route âpre et mal aplanie,
Où, dans le sable pur se dessinant si bien,
Et de sa petitesse étalant l'ironie,
Son pied charmant semblait rire à côté du mien !

« La borne du chemin, qui vit des jours sans nombre,
Où jadis pour m'entendre elle aimait à s'asseoir,
S'est usée en heurtant, lorsque la route est sombre,
Les grands chars gémissants qui reviennent le soir.

« La forêt ici manque, et là s'est agrandie.
De tout ce qui fut nous presque rien n'est vivant ;
Et, comme un tas de cendre éteinte et refroidie,
L'amas des souvenirs se disperse à tout vent !

« N'existons-nous donc plus ? Avons-nous eu notre
heure ?
Rien ne la rendra-t-il à nos cris superflus ?
L'air joue avec la branche au moment où je pleure ;
Ma maison me regarde et ne me connaît plus.

« D'autres vont maintenant passer où nous passâmes.
Nous y sommes venus, d'autres vont y venir ;
Et le songe qu'avaient ébauché nos deux âmes,
Ils le continueront sans pouvoir le finir !

« Car personne ici-bas ne termine et n'achève ;
Les pires des humains sont comme les meilleurs.
Nous nous réveillons tous au même endroit du rêve.
Tout commence en ce monde et tout finit ailleurs.

« Oui, d'autres à leur tour viendront, couples sans tache,
Puiser dans cet asile heureux, calme, enchanté,
Tout ce que la nature à l'amour qui se cache
Mêle de rêverie et de solennité !

....

« Oh ! dites-moi, ravins, frais ruisseaux, treilles mûres,
Rameaux chargés de nids, grottes, forêts, buissons,
Est-ce que vous ferez pour d'autres vos murmures ?
Est-ce que vous direz à d'autres vos chansons ?

« Nous vous comprenions tant ! doux, attentifs,
austères,
Tous nos échos s'ouvraient si bien à votre voix !

Et nous prêtions si bien, sans troubler vos mystères,
L'oreille aux mots profonds que vous dites parfois !

« Répondez, vallon pur, répondez, solitude,
O nature abritée en ce désert si beau,
Lorsque nous dormirons tous deux dans l'attitude
Que donne aux morts pensifs la forme du tombeau,

« Est-ce que vous serez à ce point insensible
De nous savoir couchés, morts avec nos amours,
Et de continuer votre fête paisible,
Et de toujours sourire et de chanter toujours ?

« Est-ce que, nous sentant errer dans vos retraites,
Fantômes reconnus par vos monts et vos bois,
Vous ne nous direz pas de ces choses secrètes
Qu'on dit en revoyant des amis d'autrefois ?
. . . .

« Dieu nous prête un moment les prés et les fontaines,
Les grands bois frissonnants, les rocs profonds et sourds
Et les cieux azurés, et les lacs et les plaines,
Pour y mettre nos cœurs, nos rêves, nos amours ;

« Puis il nous les retire. Il souffle notre flamme.
Il plonge dans la nuit l'antre où nous rayonnons ;
Et dit à la vallée, où s'imprima notre âme,
D'effacer notre trace et d'oublier nos noms.

« Eh bien ! oubliez-nous, maison, jardin, ombrages,
Herbe, use notre seuil ! ronce, cache nos pas !
Chantez, oiseaux ! ruisseaux, coulez ! croissez, feuillages !
Ceux que vous oubliez ne vous oublieront pas.

« Car vous êtes pour nous l'ombre de l'amour même !
Vous êtes l'oasis qu'on rencontre en chemin !
Vous êtes, ô vallon, la retraite suprême
Où nous avons pleuré, nous tenant par la main !

« Toutes les passions s'éloignent avec l'âge,
L'une emportant son masque et l'autre son couteau,
Comme un essaim chantant d'histrions en voyage
Dont le groupe décroît derrière le coteau.

« Mais toi, rien ne t'efface, amour ! toi qui nous charmes,
Toi qui, torche ou flambeau, luis dans notre brouillard !
Tu nous tiens par la joie, et surtout par les larmes ;
Jeune homme on te maudit, on t'adore vieillard. —

A Villequier

(extrait)

Maintenant que Paris, ses pavés et ses marbres,
Et sa brume et ses toits sont bien loin de mes yeux ;
Maintenant que je suis sous les branches des arbres,
Et que je puis songer à la beauté des cieux ;

Maintenant que du deuil qui m'a fait l'âme obscure
Je sors, pâle et vainqueur,
Et que je sens la paix de la grande nature
Qui m'entre dans le cœur ;

Maintenant que je puis, assis au bord des ondes,
Emu par ce superbe et tranquille horizon,
Examiner en moi les vérités profondes
Et regarder les fleurs qui sont dans le gazon ;

Maintenant, ô mon Dieu ! que j'ai ce calme sombre
De pouvoir désormais
Voir de mes yeux la pierre où je sais que dans l'ombre
Elle dort pour jamais.

Quand nous habitions...

Quand nous habitions tous ensemble
Sur nos collines d'autrefois,
Où l'eau court, où le buisson tremble
Dans la maison qui touche aux bois,

Elle avait dix ans et moi trente :
J'étais pour elle l'univers.
Oh ! comme l'herbe est odorante
Sous les arbres profonds et verts !

Elle faisait mon sort prospère,
Mon travail léger, mon ciel bleu.
Lorsqu'elle me disait : Mon père,
Tout mon cœur s'écriait : Mon Dieu !

A travers mes songes sans nombre,
J'écoutais son parler joyeux,
Et mon front s'éclairait dans l'ombre
A la lumière de ses yeux.

Elle avait l'air d'une princesse
Quand je la tenais par la main :
Elle cherchait des fleurs sans cesse
Et des pauvres dans le chemin.

Elle donnait comme on dérobe,
En se cachant aux yeux de tous.
Oh ! la belle petite robe
Qu'elle avait, vous rappelez-vous ?

Le soir auprès de ma bougie,
Elle jasait à petit bruit,
Tandis qu'à la vitre rougie
Heurtaient les papillons de nuit.

Les anges se miraient en elle.
Que son bonjour était charmant !
Le ciel mettait dans sa prunelle
Ce regard qui jamais ne ment.

Oh ! je l'avais, si jeune encore,
Vue apparaître en mon destin !
C'était l'enfant de mon aurore,
Et mon étoile du matin !

Quand la lune claire et sereine
Brillait aux cieux, dans ces beaux mois,
Comme nous allions dans la plaine !
Comme nous courions dans les bois !

Puis, vers la lumière isolée
Etoilant le logis obscur,
Nous revenions par la vallée
En tournant le coin du vieux mur ;

Nous revenions, cœurs pleins de flamme,
En parlant des splendeurs du ciel.
Je composais cette jeune âme
Comme l'abeille fait son miel.

Doux ange aux candides pensées,
Elle était gaie en arrivant...
Toutes ces choses sont passées
Comme l'ombre et comme le vent !

Mes deux filles

Dans le frais clair-obscur du soir charmant qui tombe,
L'une pareille au cygne et l'autre à la colombe,
Belles, et toutes deux joyeuses, ô douceur !
Voyez, la grande sœur et la petite sœur
Sont assises au seuil du jardin, et sur elles
Un bouquet d'œillets blancs aux longues tiges frêles,
Dans une urne de marbre agité par le vent,
Se penche, et les regarde, immobile et vivant,
Et frissonne dans l'ombre, et semble, au bord du vase,
Un vol de papillons arrêté dans l'extase.

ALFRED DE VIGNY

(1797-1863)

A Éva

(extrait)

Eva, j'aimerai tout dans les choses créées,
Je les contemplerai dans ton regard rêveur
Qui partout répandra ses flammes colorées,
Son repos gracieux, sa magique saveur :
Sur mon cœur déchiré viens poser ta main pure,
Ne me laisse jamais seul avec la Nature ;
Car je la connais trop pour n'en pas avoir peur.

Elle me dit : « Je suis l'impassible théâtre
« Que ne peut remuer le pied de ses acteurs ;
« Mes marches d'émeraude et mes parvis d'albâtre,
« Mes colonnes de marbre ont les dieux pour sculpteurs,
« Je n'entends ni vos cris ni vos soupirs ; à peine
« Je sens passer sur moi la comédie humaine
« Qui cherche en vain au ciel ses muets spectateurs.

« Je roule avec dédain, sans voir et sans entendre
« A côté des fourmis les populations :
« Je ne distingue pas leur terrier de leur cendre,
« J'ignore en les portant les noms des nations.
« On me dit une mère, et je suis une tombe,
« Mon hiver prend vos morts comme son hécatombe,
« Mon printemps ne sent pas vos adorations.

L'isolement

Souvent sur la montagne, à l'ombre du vieux chêne,
Au coucher du soleil, tristement je m'assieds ;
Je promène au hasard mes regards sur la plaine,
Dont le tableau changeant se déroule à mes pieds.

Ici, gronde le fleuve aux vagues écumantes ;
Il serpente, et s'enfonce en un lointain obscur ;
Là, le lac immobile étend ses eaux dormantes
Où l'étoile du soir se lève dans l'azur.

Au sommet de ces monts couronnés de bois sombres,
Le crépuscule encor jette un dernier rayon ;
Et le char vaporeux de la reine des ombres
Monte, et blanchit déjà les bords de l'horizon.

Cependant, s'élançant de la flèche gothique,
Un son religieux se répand dans les airs ;
Le voyageur s'arrête, et la cloche rustique
Aux derniers bruits du jour mêle de saints concerts.

Mais à ces doux tableaux mon âme indifférente
N'éprouve devant eux ni charme ni transports ;
Je contemple la terre ainsi qu'une ombre errante ;
Le soleil des vivants n'échauffe plus les morts.

De colline en colline en vain portant ma vue,
Du sud à l'aquilon, de l'aurore au couchant,
Je parcours tous les points de l'immense étendue,
Et je dis : Nulle part le bonheur ne m'attend.

Que me font ces vallons, ces palais, ces chaumières,
Vains objets dont pour moi le charme est envolé ?
Fleuves, rochers, forêts, solitudes si chères,
Un seul être vous manque, et tout est dépeuplé !

Nous marcherons ainsi, ne laissant que notre ombre
Sur cette terre ingrate où les morts ont passé ;
Nous nous parlerons d'eux à l'heure où tout est sombre,
Où tu te plais à suivre un chemin effacé,
A rêver, appuyée aux branches incertaines,
Pleurant, comme Diane au bord de ses fontaines,
Ton amour taciturne et toujours menacé.

ALPHONSE DE LAMARTINE

(1790-1869)

L'automne

Salut, bois couronnés d'un reste de verdure !
Feuillages jaunissants sur les gazons épars !
Salut, derniers beaux jours ! le deuil de la nature
Convient à la douleur et plaît à mes regards.

Je suis d'un pas rêveur le sentier solitaire ;
J'aime à revoir encor, pour la dernière fois,
Ce soleil pâlissant, dont la faible lumière
Perce à peine à mes pieds l'obscurité des bois.

Oui, dans ces jours d'automne où la nature expire,
A ses regards voilés je trouve plus d'attraits ;
C'est l'adieu d'un ami, c'est le dernier sourire
Des lèvres que la mort va fermer pour jamais.

Ainsi, prêt à quitter l'horizon de la vie,
Pleurant de mes longs jours l'espoir évanoui,
Je me retourne encore, et d'un regard d'envie
Je contemple ces biens dont je n'ai pas joui.

Terre, soleil, vallons, belle et douce nature,
Je vous dois une larme, aux bords de mon tombeau ;
L'air est si parfumé ! la lumière est si pure !
Aux regards d'un mourant le soleil est si beau !

Je voudrais maintenant vider jusqu'à la lie
Ce calice mêlé de nectar et de fiel !
Au fond de cette coupe où je buvais la vie,
Peut-être restait-il une goutte de miel ?

Peut-être l'avenir me gardait-il encore
Un retour de bonheur dont l'espoir est perdu ?
Peut-être dans la foule, une âme que j'ignore
Aurait compris mon âme et m'aurait répondu ?...

La fleur tombe en livrant ses parfums au zéphire ;
A la vie, au soleil, ce sont là ses adieux ;
Moi, je meurs ; et mon âme, au moment qu'elle expire,
S'exhale comme un son triste et mélodieux.

Le tombeau d'une mère

(extrait)

Là dorment soixante ans d'une seule pensée !
D'une vie à bien faire uniquement passée,
D'innocence, d'amour, d'espoir, de pureté,
Tant d'aspirations vers son Dieu répétées,
Tant de foi dans la mort, tant de vertus jetées
En gage à l'immortalité !

Tant de nuits sans sommeil pour veiller la souffrance,
Tant de pain retranché pour nourrir l'indigence,
Tant de pleurs toujours prêts à s'unir à des pleurs,
Tant de soupirs brûlants vers une autre patrie,
Et tant de patience à porter une vie
Dont la couronne était ailleurs !

Et tout cela pourquoi ? Pour qu'un creux dans le sable
Absorbât pour jamais cet être intarissable !
Pour que ces vils sillons en fussent engraissés !
Pour que l'herbe des morts dont sa tombe est couverte
Grandît, là sous mes pieds, plus épaisse et plus verte !
Un peu de cendre était assez !

Non, non ; pour éclairer trois pas sur la poussière
Dieu n'aurait pas créé cette immense lumière,
Cette âme au long regard, à l'héroïque effort !
Sur cette froide pierre en vain le regard tombe,
O vertu ! ton aspect est plus fort que la tombe,
Et plus évident que la mort !

Et mon œil, convaincu de ce grand témoignage,
Se releva de terre et sortit du nuage,
Et mon cœur ténébreux recouvra son flambeau !
Heureux l'homme à qui Dieu donne une sainte mère !
En vain la vie est dure et la mort est amère,
Qui peut douter sur son tombeau ?

« Avant vous j'étais belle et toujours parfumée,
« J'abandonnais au vent mes cheveux tout entiers :
« Je suivais dans les cieux ma route accoutumée,
« Sur l'axe harmonieux des divins balanciers ;
« Après vous, traversant l'espace où tout s'élance,
« J'irai seule et sereine, en un chaste silence
« Je fendrai l'air du front et de mes seins altiers. »

C'est là ce que me dit sa voix triste et superbe,
Et dans mon cœur alors je la hais, et je vois
Notre sang dans son onde et nos morts sous son herbe
Nourrissant de leurs sucs la racine des bois.
Et je dis à mes yeux qui lui trouvaient des charmes :
« Ailleurs tous vos regards, ailleurs toutes vos larmes,
« Aimez ce que jamais on ne verra deux fois. »

Oh ! qui verra deux fois ta grâce et ta tendresse,
Ange doux et plaintif qui parle en soupirant ?
Qui naîtra comme toi portant une caresse
Dans chaque éclair tombé de ton regard mourant,
Dans les balancements de ta tête penchée,
Dans ta taille dolente et mollement couchée
Et dans ton pur sourire amoureux et souffrant ?

Vivez, froide Nature, et revivez sans cesse
Sous nos pieds, sur nos fronts, puisque c'est votre loi ;
Vivez et dédaignez, si vous êtes déesse,
L'homme, humble passager, qui dut vous être un roi ;
Plus que tout votre règne et que ses splendeurs vaines,
J'aime la majesté des souffrances humaines ;
Vous ne recevrez pas un cri d'amour de moi.

Mais toi, ne veux-tu pas, voyageuse indolente,
Rêver sur mon épaule, en y posant ton front ?
Viens du paisible seuil de la maison roulante
Voir ceux qui sont passés et ceux qui passeront.
Tous les tableaux humains qu'un Esprit pur m'apporte
S'animeront pour toi quand devant notre porte
Les grands pays muets longuement s'étendront.

Que le tour du soleil ou commence ou s'achève,
D'un œil indifférent je le suis dans son cours ;
En un ciel sombre ou pur qu'il se couche ou se lève,
Qu'importe le soleil ? je n'attends rien des jours.

Quand je pourrais le suivre en sa vaste carrière,
Mes yeux verraient partout le vide et les déserts :
Je ne désire rien de tout ce qu'il éclaire ;
Je ne demande rien à l'immense univers.

Mais peut-être au-delà des bornes de sa sphère,
Lieux où le vrai soleil éclaire d'autres cieux,
Si je pouvais laisser ma dépouille à la terre,
Ce que j'ai tant rêvé paraîtrait à mes yeux.

Là, je m'enivrerais à la source où j'aspire ;
Là, je retrouverais et l'espoir et l'amour,
Et ce bien idéal que toute âme désire,
Et qui n'a pas de nom au terrestre séjour !

Que ne puis-je, porté sur le char de l'Aurore,
Vague objet de mes vœux, m'élancer jusqu'à toi ?
Sur la terre d'exil pourquoi resté-je encore ?
Il n'est rien de commun entre la terre et moi.

Quand la feuille des bois tombe dans la prairie,
Le vent du soir se lève et l'arrache aux vallons ;
Et moi, je suis semblable à la feuille flétrie :
Emportez-moi comme elle, orageux aquilons !

Le lac

Ainsi, toujours poussés vers de nouveaux rivages,
Dans la nuit éternelle emportés sans retour,
Ne pourrons-nous jamais sur l'océan des âges
Jeter l'ancre un seul jour ?

O lac ! l'année à peine a fini sa carrière,
Et, près des flots chéris qu'elle devait revoir,
Regarde ! je viens seul m'asseoir sur cette pierre
Où tu la vis s'asseoir !

Tu mugissais ainsi sous ces roches profondes ;
Ainsi tu te brisais sur leurs flancs déchirés ;
Ainsi le vent jetait l'écume de tes ondes
Sur ses pieds adorés.

Un soir, t'en souvient-il ? nous voguions en silence ;
On n'entendait au loin, sur l'onde et sous les cieux,
Que le bruit des rameurs qui frappaient en cadence
Tes flots harmonieux.

Tout à coup des accents inconnus à la terre
Du rivage charmé frappèrent les échos ;
Le flot fut attentif, et la voix qui m'est chère
Laissa tomber ces mots :

« O Temps ! suspends ton vol ; et vous, heures propices,
Suspendez votre cours !
Laissez-nous savourer les rapides délices
Des plus beaux de nos jours !

« Assez de malheureux ici-bas vous implorent,
Coulez, coulez pour eux ;
Prenez avec leurs jours les soins qui les dévorent,
Oubliez les heureux.

« Mais je demande en vain quelques moments encore.
Le temps m'échappe et fuit ;
Je dis à cette nuit : sois plus lente, et l'aurore
Va dissiper la nuit.

« Aimons donc, aimons donc ! De l'heure fugitive,
Hâtons-nous, jouissons !
L'homme n'a point de port, le temps n'a point de rive ;
Il coule, et nous passons ! »

Temps jaloux, se peut-il que ces moments d'ivresse
Où l'amour à longs flots nous verse le bonheur
S'envolent loin de nous de la même vitesse
Que les jours du malheur ?

Eh quoi ! n'en pourrons-nous fixer au moins la trace !
Quoi ! passés pour jamais ! Quoi ! tout entiers perdus !
Ce temps qui les donna, ce temps qui les efface
Ne nous les rendra plus !

Eternité, néant, passé, sombres abîmes,
Que faites-vous des jours que vous engloutissez ?
Parlez : nous rendrez-nous ces extases sublimes
Que vous nous ravissez ?

O lacs ! rochers muets ! grottes ! forêt obscure !
Vous, que le temps épargne ou qu'il peut rajeunir,
Gardez de cette nuit, gardez, belle nature,
Au moins le souvenir.

Qu'il soit dans ton repos, qu'il soit dans tes orages,
Beau lac, et dans l'aspect de tes riants coteaux,
Et dans ces noirs sapins, et dans ces rocs sauvages
Qui pendent sur tes eaux.

Qu'il soit dans le zéphir qui frémit et qui passe,
Dans les bruits de tes bords par tes bords répétés,
Dans l'astre au front d'argent qui blanchit ta surface
De ses molles clartés.

Que le vent qui gémit, le roseau qui soupire,
Que les parfums légers de ton air embaumé,
Que tout ce qu'on entend, l'on voit ou l'on respire,
Tout dise : « Ils ont aimé ! »

MARCELINE DESBORDES-VALMORE

(1786-1859)

Elégie

J'étais à toi peut-être avant de t'avoir vu.
Ma vie, en se formant, fut promise à la tienne ;
Ton nom m'en avertit par un trouble imprévu ;
Ton âme s'y cachait pour éveiller la mienne.
Je l'entendis un jour et je perdis la voix ;
Je l'écoutai longtemps, j'oubliai de répondre ;
Mon être avec le tien venait de se confondre :

Je crus qu'on m'appelait pour la première fois.
Savais-tu ce prodige ? Eh bien ! sans te connaître,
J'ai deviné par lui mon amant et mon maître,
Et je le reconnus dans tes premiers accents,
Quand tu vins éclairer mes beaux jours languissants.
Ta voix me fit pâlir, et mes yeux se baissèrent.
Dans un regard muet nos âmes s'embrassèrent ;
Au fond de ce regard ton nom se révéla,
Et sans le demander j'avais dit : « Le voilà ! »
Dès lors il ressaisit mon oreille étonnée ;
Elle y devint soumise, elle y fut enchaînée.

J'exprimais par lui seul mes plus doux sentiments ;
Je l'unissais au mien pour signer mes serments.
Je le lisais partout, ce nom rempli de charmes,
Et je versais des larmes.
D'un éloge enchanteur toujours environné,
A mes yeux éblouis il s'offrait couronné.

Je l'écrivais... bientôt je n'osai plus l'écrire,
Et mon timide amour le changeait en sourire.
Il me cherchait la nuit, il berçait mon sommeil,
Il résonnait encore autour de mon réveil :
Il errait dans mon souffle, et, lorsque je soupire,
C'est lui qui me caresse et que mon cœur respire.
Nom chéri ! nom charmant ! oracle de mon sort !
Hélas ! que tu me plais, que ta grâce me touche !
Tu m'annonças la vie, et, mêlé dans la mort,
Comme un dernier baiser tu fermeras ma bouche.

Les séparés

N'écris pas. Je suis triste, et je voudrais m'éteindre.
Les beaux étés sans toi, c'est la nuit sans flambeau.
J'ai refermé mes bras qui ne peuvent t'atteindre,
Et frapper à mon cœur, c'est frapper au tombeau.
N'écris pas !

N'écris pas. N'apprenons qu'à mourir à nous-mêmes.
Ne demande qu'à Dieu... qu'à toi, si je t'aimais !
Au fond de ton absence écouter que tu n'aimes,
C'est entendre le ciel sans y monter jamais.
N'écris pas !

N'écris pas. Je te crains ; j'ai peur de ma mémoire ;
Elle a gardé ta voix qui m'appelle souvent.
Ne montre pas l'eau vive à qui ne peut la boire.
Une chère écriture est un portrait vivant.
N'écris pas !

N'écris pas ces deux mots que je n'ose plus lire :
Il semble que ta voix les répand sur mon cœur ;
Que je les vois brûler à travers ton sourire ;
Il semble qu'un baiser les empreint sur mon cœur.
N'écris pas !

FRANÇOIS-RENÉ DE CHATEAUBRIAND

(1768-1848)

Le montagnard exilé

Combien j'ai douce souvenance
Du joli lieu de ma naissance !
Ma sœur, qu'ils étaient beaux les jours
    De France !
O mon pays, sois mes amours
    Toujours !

Te souvient-il que notre mère
Au foyer de notre chaumière
Nous pressait sur son cœur joyeux,
    Ma chère,
Et nous baisions ses blancs cheveux
    Tous deux ?

Ma sœur, te souvient-il encore
Du château qui baignait la Dore,
Et de cette vieille tour
    Du Maure,
Où l'airain sonnait le retour
    Du jour ?

Te souvient-il du lac tranquille
Qu'effleurait l'hirondelle agile,
Du vent qui courbait le roseau
    Mobile,
Et du soleil couchant sur l'eau,
    Si beau ?

Oh ! qui me rendra mon Hélène,
Et ma montagne, et le grand chêne ?
Leur souvenir fait tous les jours
    Ma peine !
Mon pays sera mes amours
    Toujours !

ANDRÉ CHÉNIER

(1762-1794)

Le malade

(extrait)

— Ah ! mon fils, c'est l'amour ! c'est l'amour insensé
Qui t'a jusqu'à ce point cruellement blessé ?
Ah ! mon malheureux fils ! Oui, faibles que nous
sommes,
C'est toujours cet amour qui tourmente les hommes.
S'ils pleurent en secret, qui lira dans leur cœur
Verra que c'est toujours cet amour en fureur.
Mais, mon fils, mais, dis-moi : quelle belle dansante,
Quelle vierge as-tu vue au bord de l'Erymanthe ?
N'es-tu pas riche et beau ? du moins quand la douleur
N'avoit point de ta joue éteint la jeune fleur ?
Parle. Est-ce cette Eglé, fille du roi des ondes,
Ou cette jeune Irène aux longues tresses blondes ?
Ou ne sera-ce point cette fière beauté
Dont j'entends le beau nom chaque jour répété,
Dont j'apprends que partout les belles sont jalouses ?
Qu'aux temples, aux festins, les mères, les épouses,
Ne sauroient voir, dit-on, sans peine et sans effroi ?
Cette belle Daphné ?... — Dieux ! ma mère, tais-toi,
Tais-toi. Dieux ! qu'as-tu dit ! Elle est fière, inflexible ;
Comme les immortels, elle est belle et terrible !
Mille amants l'ont aimée ; ils l'ont aimée en vain.
Comme eux j'aurois trouvé quelque refus hautain.
Non, garde que jamais elle soit informée...
Mais, ô mort ! ô tourment ! ô mère bien-aimée !
Tu vois dans quels ennuis dépérissent mes jours.

Ma mère bien-aimée, ah ! viens à mon secours :
Je meurs. Va la trouver : que tes traits, que ton âge,
De sa mère à ses yeux offrent la sainte image.
Tiens, prends cette corbeille et nos fruits les plus beaux,
Prends notre Amour d'ivoire, honneur de ces hameaux ;
Prends la coupe d'onyx à Corinthe ravie,
Prends mes jeunes chevreaux, prends mon cœur, prends ma vie ;
Jette tout à ses pieds ; apprends-lui qui je suis ;
Dis-lui que je me meurs, que tu n'as plus de fils.
Tombe aux pieds du vieillard, gémis, implore, presse ;
Adjure cieux et mers, dieu, temple, autel, déesse ;
Pars ; et si tu reviens sans les avoir fléchis,
Adieu, ma mère, adieu, tu n'auras plus de fils.

JEAN-JACQUES ROUSSEAU

(1712-1778)

Les rêveries du promeneur solitaire
Cinquième promenade

(extrait)

Tout est dans un flux continuel sur la terre : rien n'y garde une forme constante et arrêtée, et nos affections qui s'attachent aux choses extérieures passent et changent nécessairement comme elles. Toujours en avant ou en arrière de nous, elles rappellent le passé qui n'est plus ou préviennent l'avenir qui souvent ne doit point être : il n'y a rien là de solide à quoi le cœur se puisse attacher. Aussi n'a-t-on guère ici-bas que du plaisir qui passe ; pour le bonheur qui dure je doute qu'il y soit connu. A peine est-il dans nos plus vives jouissances un instant où le cœur puisse véritablement nous dire : *Je voudrais que cet instant durât toujours* ; et comment peut-on appeler bonheur un état fugitif qui nous laisse encore le cœur inquiet et vide, qui nous fait regretter quelque chose avant, ou désirer encore quelque chose après ?

FRANÇOIS MARIE AROUET DIT VOLTAIRE

(1694-1778)

Stances à Madame du Châtelet

Si vous voulez que j'aime encore,
Rendez-moi l'âge des amours ;
Au crépuscule de mes jours
Rejoignez, s'il se peut, l'aurore.

Des beaux lieux où le dieu du vin
Avec l'amour tient son empire,
Le Temps, qui me prend par la main,
M'avertit que je me retire.

De son inflexible rigueur
Tirons au moins quelque avantage.
Qui n'a pas l'esprit de son âge
De son âge a tout le malheur.

Laissons à la belle jeunesse
Ses folâtres emportements :
Nous ne vivons que deux moments ;
Qu'il en soit un pour la sagesse.

Quoi ! pour toujours vous me fuyez,
Tendresse, illusion, folie,
Dons du ciel qui me consoliez
Des amertumes de la vie !

On meurt deux fois, je le vois bien ;
Cesser d'aimer et d'être aimable
C'est une mort insupportable :
Cesser de vivre, ce n'est rien.

Ainsi je déplorais la perte
Des erreurs de mes premiers ans,
Et mon âme au désir ouverte
Regrettait ses égarements.

Du ciel alors, daignant descendre,
L'amitié vint à mon secours ;
Elle était peut-être aussi tendre,
Mais moins vive que les amours.

Touché de sa beauté nouvelle,
Et de sa lumière éclairé,
Je la suivis ; mais je pleurai
De ne pouvoir plus suivre qu'elle.

NICOLAS BOILEAU

(1636-1711)

A Iris

Parmi les doux excès d'une amitié fidèle
Je voyais près d'Iris couler mes plus beaux jours.
Iris que j'aime encore, et que j'aimai toujours,
Brûlait des mêmes feux dont je brûlais pour elle.

Quand par l'ordre du Ciel une fièvre cruelle
M'enleva cet objet de mes chastes amours,
Et de tous mes plaisirs interrompant le cours,
Me laissa de regrets une suite éternelle.

Ah ! qu'un si rude coup étonna mes esprits !
Que je versai de pleurs ! Que je poussai de cris !
De combien de douleurs ma douleur fut suivie !

Iris, tu fus alors moins à plaindre que moi,
Et bien qu'un triste sort t'ait fait perdre la vie,
Hélas ! en te perdant, j'ai plus perdu que toi.

JEAN-BAPTISTE POQUELIN dit MOLIÈRE

(1622-1673)

Stances

Souffrez qu'Amour cette nuit vous réveille ;
Par mes soupirs laissez-vous enflammer :
Vous dormez trop, adorable merveille,
Car c'est dormir que de ne point aimer.

Ne craignez rien : dans l'amoureux empire,
Le mal n'est pas si grand que l'on le fait ;
Et, lorsqu'on aime et que le cœur soupire,
Son propre mal souvent le satisfait.

Le mal d'aimer, c'est de le vouloir taire ;
Pour l'éviter, parlez en ma faveur.
Amour le veut, n'en faites point mystère ;
Mais vous tremblez et ce dieu vous fait peur !

Peut-on souffrir une plus douce peine ?
Peut-on souffrir une plus douce loy ?
Qu'estant des cœurs la douce souveraine,
Dessus le vostre, Amour agisse en roy.

Rendez-vous donc, ô divine Amarante,
Soumettez-vous aux volontez d'Amour ;
Aimez pendant que vous estes charmante,
Car le temps passe et n'a point de retour.

JEAN DE LA FONTAINE

(1621-1695)

Adonis

(extrait)

« Mon amour n'a donc pu te faire aimer la vie !
Tu me quittes, cruel ! Au moins ouvre les yeux,
Montre-toi plus sensible à mes tristes adieux ;
Vois de quelles douleurs ton amante est atteinte !
Hélas ! j'ai beau crier : il est sourd à ma plainte.
Une éternelle nuit l'oblige à me quitter ;
Mes pleurs ni mes soupirs ne peuvent l'arrêter.
Encor si je pouvais le suivre en ces lieux sombres !
Que ne m'est-il permis d'errer parmi les ombres !
Destins, si vous vouliez le voir si tôt périr,
Fallait-il m'obliger à ne jamais mourir ?
Malheureuse Vénus, que te servent ces larmes ?
Vante-toi maintenant du pouvoir de tes charmes :
Ils n'ont pu du trépas exempter tes amours ;
Tu vois qu'ils n'ont pu même en prolonger les jours.
Je ne demandais pas que la Parque cruelle
Prît à filer leur trame une peine éternelle ;
Bien loin que mon pouvoir l'empêchât de finir,
Je demande un moment, et ne puis l'obtenir.
Noires divinités du ténébreux empire,
Dont le pouvoir s'étend sur tout ce qui respire,
Rois des peuples légers, souffrez que mon amant
De son triste départ me console un moment.
Vous ne le perdrez point : le trésor que je pleure
Ornera tôt ou tard votre sombre demeure.
Quoi ! vous me refusez un présent si léger ?

Cruels, souvenez-vous qu'Amour m'en peut venger.
Et vous, antres cachés, favorables retraites,
Où nos cœurs ont goûté des douceurs si secrètes,
Grottes, qui tant de fois avez vu mon amant
Me raconter des yeux son fidèle tourment,
Lieux amis du repos, demeures solitaires,
Qui d'un trésor si rare étiez dépositaires,
Déserts, rendez-le-moi : deviez-vous avec lui
Nourrir chez vous le monstre auteur de mon ennui ?
Vous ne répondez point. Adieu donc, ô belle âme ;
Emporte chez les morts ce baiser tout de flamme :
Je ne te verrai plus ; adieu, cher Adonis ! »
Ainsi Vénus cessa. Les rochers, à ses cris,
Quittant leur dureté, répandirent des larmes :
Zéphyre en soupira : le jour voila ses charmes ;
D'un pas précipité sous les eaux il s'enfuit,
Et laissa dans ces lieux une profonde nuit.

PIERRE CORNEILLE

(1606-1684)

Stances

(extrait)

Marquise, si mon visage
A quelques traits un peu vieux
Souvenez-vous qu'à mon age
Vous ne vaudrez gueres mieux.

Le temps aux plus belles choses
Se plaist à faire un affront
Et saura faner vos roses
Comme il a ridé mon front.

Le mesme cours des planetes
Regle nos jours et nos nuits :
On m'a vu ce que vous estes ;
Vous serez ce que je suis.
(...)

MARC-ANTOINE DE SAINT-AMANT

(1594-1661)

La nuict

Paisible et solitaire nuit,
Sans lune et sans estoilles,
Renferme le jour qui me nuit
Dans tes plus sombres voilles ;
Haste tes pas, deesse, exauce-moy :
J'ayme une brune comme toy.

J'ayme une brune dont les yeux
Font dire à tout le monde
Que, quand Phebus quitte les cieux
Pour se cacher sous l'onde,
C'est de regret de se voir surmonté
Du vif eclat de leur beauté.

Mon lut, mon humeur et mes vers
Ont enchanté son ame ;
Tous ses sentiments sont ouvers
A l'amoureuse flame ;
Elle m'adore, et dit que ses desirs
Ne vivent que pour mes plaisirs.

Quel jugement y doy-je assoir ?
Veut-elle me complaire ?
Mon cœur s'en promet à ce soir
Une preuve plus claire.
Vien donc, o nuict, que ton obscurité
M'en decouvre la verité !

Sommeil, respans à pleines mains
Tes pavots sur la terre,
Assoupiz les yeux des humains
D'un gracieux caterre,
Laissant veiller en tout cet element
Ma maistresse et moy seulement.

Ainsy jamais de ta grandeur
Rien n'abaisse la gloire :
Ainsy jamais bruit ny splendeur
N'entre en ta grotte noire,
Comme autrefois quand, à chaque propos,
Iris troubloit ton doux repos.

Ha, voila le jour achevé.
Il faut que je m'appreste :
L'astre de Venus est levé
Propice à ma requeste ;
Si bien qu'il semble en se monstrant si beau
Me vouloir servir de flambeau...

Tous ces vents, qui souffloient si fort,
Retiennent leurs haleines :
Il ne pleut plus, la foudre dort,
On n'oit que les fontaines
Et le doux son de quelques luts charmans
Qui parlent au lieu des amans.

Je ne puis estre decouvert,
La nuict m'est trop fidelle ;
Entrons, je sens l'huis entr'ouvert,
J'apperçoy la chandelle.
Dieux ! qu'est-ce cy ? Je tremble à chaque pas,
Comme si j'allois au trespas.

O toy, dont l'œil est mon vainqueur,
Sylvie, eh ! que t'en semble ?
Un homme qui n'a point de cœur,
Ne faut-il pas qu'il tremble ?
Je n'en ay point, tu possedes le mien...
Me veux-tu pas donner le tien ?

Plainte sur la mort de Sylvie

Ruisseau qui cours après toi-même,
Et qui te fuis toi-même aussi,
Arrête un peu ton onde ici
Pour écouter mon deuil extrême ;
Puis, quand tu l'auras su, va-t-en dire à la mer
Qu'elle n'a rien de plus amer.

Raconte-lui comme Sylvie
Qui seule gouvernait mon sort,
A reçu le coup de la mort
Au plus bel âge de la vie,
Et que cet accident triomphe en même jour
De toutes les forces d'amour.

Las ! je n'en puis dire autre chose.
Mes soupirs tranchent mon discours.
Adieu, ruisseau, reprends ton cours,
Qui non plus que moi ne repose ;
Que si par mes regrets j'ai bien pu t'arrêter,
Voilà des pleurs pour te hâter.

THÉOPHILE DE VIAU

(1590-1626)

Désespoir amoureux

Eloigné de vos yeux où j'ay laissé mon ame,
Je n'ay de sentiment que celuy du mal-heur,
Et, sans un peu d'espoir qui luit parmy ma flame,
Mon trespas eust esté ma derniere douleur.

Plust au Ciel qu'aujourd'huy la terre eust quitté l'onde,
Que les rais du soleil fussent absens des cieux,
Que tous les élemens eussent quitté le monde
Et que je n'eusse point abandonné vos yeux !

Un arbre que le vent emporte à ses racines,
Une ville qui voit demolir son rempart,
Le faiste d'une tour qui tombe en ses ruines
N'ont rien de comparable à ce sanglant depart.

Depuis, vostre Damon ne sert plus que de nombre ;
Mes sens de ma douleur s'en vont desja ravis :
Je ne suis plus vivant, et passerois pour ombre
Sinon que mes discours decouvrent que je vis.

Mon ame est dans les fers, mon sang est dans la flame.
Jamais mal-heur ne fut à mon mal-heur égal :
J'ay des vautours au sein, j'ay des serpens dans l'ame,
Et vos traits qui me font encore plus de mal.

Errant depuis deux mois de province en province,
Je traisne avecques moy la fortune et l'amour :
L'une oblige mes pas à courtiser mon prince,
L'autre oblige mes sens à vous faire la cour.

Les plus rares beautez en ce fascheux voyage,
Où jadis pour aimer les dieux fussent allez,
M'ont assez prodigué les traits de leur visage ;
Mais ce n'estoit qu'horreur à mes yeux desolez.

Partout où loin de toy la fortune me traisne,
Je jure par tes yeux que tout mon entretien
N'est que d'entretenir ma vagabonde peine
Et qu'il me souvient moins de mon cœur que du tien.

En ma condition, d'où mille soins ne partent,
L'entendement me laisse et tout conseil me fuit :
Tous autres pensemens de mon ame s'écartent
Au souvenir du tien qui sans cesse me suit.

Que ta fidellité se forme à mon exemple :
Fuy comme moy la presse ; hay comme moy la cour ;
Ne frequente jamais bal, promenoir ny temple,
Et que nos deïtez ne soient rien que l'Amour.

Tout seul dedans ma chambre où j'ay fait ton eglise,
Ton image est mon Dieu, mes passions, ma foy.
Si pour me divertir Amour veut que je lise,
Ce sont vers que luy-mesme a composez pour moy.

Dans le trouble importun des soucis de la guerre,
Chacun me voit chagrin, car il semble à me voir
Que je fais des projets pour conquerir la terre,
Et mes plus hauts desseins ne sont que de t'avoir.

FRANÇOIS DE MALHERBE

(1555-1628)

Stances

Ta douleur, du Perrier, sera donc éternelle,
Et les tristes discours
Que te met en l'esprit l'amitié paternelle
L'augmenteront toujours ?

Le malheur de ta fille au tombeau descendue
Par un commun trépas,
Est-ce quelque dédale où ta raison perdue
Ne se retrouve pas ?

Je sais de quels appas son enfance était pleine
Et n'ai pas entrepris,
Injurieux ami, de soulager ta peine
Avecque son mépris.

Mais elle était au monde, où les plus belles choses
Ont le pire destin,
Et rose, elle a vécu ce que vivent les roses :
L'espace d'un matin.

Puis quand ainsi serait que, selon ta prière,
Elle aurait obtenu
D'avoir en cheveux terminé sa carrière,
Qu'en fût-il avenu ?

Penses-tu que, plus vieille, en la maison céleste
Elle eût eu plus d'accueil,
Ou qu'elle eût moins senti la poussière funeste
Et les vers du cercueil ?

Non, non, mon du Perrier, aussitôt que la Parque
Ote l'âme du corps,
L'âge s'évanouit au deçà de la barque
Et ne suit point les morts...

La Mort a des rigueurs à nulle autre pareilles ;
On a beau la prier,
La cruelle qu'elle est se bouche les oreilles
Et nous laisse crier.

Le pauvre en sa cabane, où le chaume le couvre,
Est sujet à ses lois ;
Et la garde qui veille aux barrières du Louvre
N'en défend point nos rois.

De murmurer contre elle et perdre patience
Il est mal à propos ;
Vouloir ce que Dieu veut est la seule science
Qui nous mette en repos.

PHILIPPE DESPORTES

(1545-1590)

Villanelle

Rosette, pour un peu d'absence,
Votre cœur vous avez changé,
Et moi, sachant votre inconstance,
Le mien autre part j'ai rangé ;
Jamais plus, beauté si légère
Sur moi tant de pouvoir n'aura :
Nous verrons, volage bergère,
Qui premier s'en repentira.

Tandis qu'en pleurs je me consume,
Maudissant cet éloignement,
Vous, qui n'aimez que par coutume,
Caressiez un nouvel amant.
Jamais légère girouette
Au vent si tôt ne se vira :
Nous verrons, bergère Rosette,
Qui premier s'en repentira.

Où sont tant de promesses saintes,
Tant de pleurs versés en partant ?
Est-il vrai que ces tristes plaintes
Sortissent d'un cœur inconstant ?
Dieux ! que vous êtes mensongère !
Maudit soit qui plus vous croira !
Nous verrons, volage bergère,
Qui premier s'en repentira.

Celui qui a gagné ma place
Ne vous peut aimer tant que moi ;
Et celle que j'aime vous passe
De beauté, d'amour et de foi.
Gardez bien votre amitié neuve,
La mienne plus ne variera,
Et puis, nous verrons à l'épreuve
Qui premier s'en repentira.

LOUISE LABÉ

(1526-1566)

Sonnet

Tant que mes yeux pourront larmes épandre,
A l'heur passé avec toi regretter,
Et qu'aux sanglots et soupirs résister
Pourra ma voix et un peu faire entendre,

Tant que ma main pourra les cordes tendre
Du mignart lut, pour tes grâces chanter,
Tant que l'esprit se voudra contenter
De ne vouloir rien fors que toi comprendre,

Je ne souhaite encore point mourir ;
Mais quand mes yeux je sentirai tarir,
Ma voix cassée et ma main impuissante,

Et mon esprit, en ce mortel séjour,
Ne pouvant plus montrer signe d'amante :
Prierai la mort noircir mon plus clair jour.

Sonnet

O longs desirs, ô esperances vaines,
Tristes soupirs et larmes coutumieres
A engendrer de moy maintes rivieres,
Dont mes deus yeux sont sources et fontaines :

O cruautez, ô durtez inhumaines,
Piteus regars des celestes lumieres :
Du cœur transi ô passions premieres,
Estimez-vous croitre encore mes peines ?

Qu'encor Amour sur moy son arc essaie,
Que nouveaus feus me gette et nouveaus dars ;
Qu'il se despite, et pis qu'il pourra face :

Car je suis tant navrée en toutes pars,
Que plus en moy une nouvelle plaie,
Pour m'empirer ne pourroit trouver place.

PIERRE DE RONSARD

(1524-1585)

Pour Hélène

Quand vous serez bien vieille, au soir, à la chandelle,
Assise auprès du feu, dévidant et filant,
Direz chantant mes vers, et vous esmerveillant :
Ronsard me celebroit du temps que j'estois belle.

Lors vous n'aurez servante oyant telle nouvelle,
Desja sous le labeur à demy sommeillant,
Qui au bruit de mon cœur ne s'aille reveillant,
Benissant vostre nom de louange immortelle.

Je seray sous la terre, et, fantosme sans os,
Par les ombres myrteux je prendray mon repos ;
Vous serez au foyer une vieille accroupie,

Regrettant mon amour et vostre fier desdain.
Vivez, si m'en croyez, n'attendez à demain ;
Cueillez dès aujourd'hui les roses de la vie.

A Cassandre

Mignonne, allons voir si la rose
Qui ce matin avait desclose
Sa robe de pourpre au soleil
A point perdu cette veprée
Les plis de sa robe pourprée
Et son teint au vôtre pareil.

Las ! voyez comme en peu d'espace
Mignonne, elle a dessus la place
Las, las, ses beautés laissé choir
Ah ! vraiment marâtre Nature
Puisqu'une telle fleur ne dure
Que du matin jusques au soir.

Donc, si vous me croyez, mignonne
Tandis que votre âge fleuronne
En sa plus verte nouveauté
Cueillez, cueillez votre jeunesse
Comme à cette fleur la vieillesse
Fera ternir votre beauté.

Comme on voit sur la branche...

Comme on voit sur la branche au mois de mai la rose,
En sa belle jeunesse, en sa première fleur,
Rendre le ciel jaloux de sa vive couleur,
Quand l'Aube de ses pleurs au point du jour l'arrose ;

La grâce dans sa feuille, et l'amour se repose,
Embaumant les jardins et les arbres d'odeur ;
Mais battue ou de pluie, ou d'excessive ardeur,
Languissante elle meurt, feuille à feuille déclose.

Ainsi, en ta première et jeune nouveauté,
Quand la Terre et le Ciel honoraient ta beauté,
La Parque t'a tuée, et cendre tu reposes.

Pour obsèques reçois mes larmes et mes pleurs,
Ce vase plein de lait, ce panier plein de fleurs,
Afin que, vif et mort, ton corps ne soit que roses.

JOACHIM DU BELLAY

(1522-1560)

La Complainte du désespéré

Qui prêtera la parole
A la douleur qui m'affole ?
Qui donnera les accents
A la plainte qui me guide :
Et qui lâchera la bride
A la fureur que je sens ?

Qui baillera double force
A mon âme, qui s'efforce
De soupirer mes douleurs ?
Et qui fera sur ma face
D'une larmoyante trace
Couler deux ruisseaux de pleurs ?...

Et vous mes vers, dont la course
A de sa première source
Les sentiers abandonnés,
Fuyez à bride avalée,
Et la prochaine vallée
De votre bruit étonnez.

Votre eau, qui fut claire et lente,
Ores trouble et violente,
Semblable à ma douleur soit,
Et plus ne mêlez votre onde
A l'or de l'arène blonde,
Dont votre fond jaunissoit...

Chacune chose décline
Au lieu de son origine :
Et l'an, qui est coutumier
De faire mourir et naître,
Ce qui fut rien, avant qu'être,
Réduit à son rien premier.

Mais la tristesse profonde,
Qui d'un pied ferme se fonde
Au plus secret de mon cœur,
Seule immuable demeure,
Et contre moi d'heure en heure
Acquiert nouvelle vigueur...

Quelque part que je me tourne,
Le long silence y séjourne
Comme en ces temples dévots,
Et comme si toutes choses
Pêle-mêle étaient r'encloses
Dedans leur premier Chaos...

Maudite donc la lumière
Qui m'éclaira la première,
Puisque le ciel rigoureux
Assujettit ma naissance
A l'indomptable puissance
D'un astre si malheureux...

Heureuse la créature
Qui a fait sa sépulture
Dans le ventre maternel !
Heureux celui dont la vie
En sortant s'est vue ravie
Par un sommeil éternel !...

Sus, mon âme, tourne arrière,
Et borne ici la carrière
De tes ingrates douleurs.
Il est temps de faire épreuve,
Si après la mort on treuve
La fin de tant de malheurs.

CLÉMENT MAROT

(1496-1544)

Du partement d'Anne

Où allez-vous, Anne ? que je le sache,
Et m'enseignez avant que de partir
Comme ferai, afin que mon œil cache
Le dur regret du cœur triste et martyr.
Je sais comment ; point ne faut m'avertir :
Vous le prendrez, ce cœur, je le vous livre ;
L'emporterez pour le rendre délivre
Du deuil qu'aurait loin de vous en ce lieu ;
Et pour autant qu'on ne peut sans cœur vivre
Me laisserez le vôtre, et puis adieu.

De l'amour du siècle antique

Au bon vieux temps un train d'amour régnait
Qui sans grand art et dons se démenait.
Si qu'un bouquet donné d'amour profonde
C'était donner toute la terre ronde ;
Car seulement au cœur on se prenait.

Et si, par cas, à jouir on venait
Savez-vous bien comme on s'entretenait ?
Vingt ans, trente ans, cela durait un monde
Au bon vieux temps.

Or est perdu ce qu'amour ordonnait.
Rien que pleurs feints, rien que changes on oit.
Qui voudra donc qu'à aimer je me fonde,
Il faut premier que l'amour on refonde
Et qu'on le mène ainsi qu'on le menait
Au bon vieux temps.

CHARLES D'ORLÉANS

(1391-1465)

Ma seule amour, ma joie et ma Maîtresse
Puisqu'il me faut loin de vous demeurer,
Je n'ai plus rien, à me réconforter,
Qu'un souvenir pour retenir liesse.
En allégeant par Espoir ma détresse,
Me conviendra le temps ainsi passer,
Ma seule amour, ma joie et ma Maîtresse,
Puisqu'il me faut loin de vous demeurer.
Car mon cœur las, bien garni de tristesse,
S'en est voulu avecques vous aller,
Et ne pourrai jamais le recouvrer
Jusques verrai votre belle jeunesse,
Ma seule amour, ma joie et ma Maîtresse.

CHRISTINE DE PISAN

(1365-1431 ?)

Seulette suis et seulette veux être.
Seulette m'a mon doux ami laissée.
Seulette suis, sans compagnon ni maître,
Seulette suis, dolente et courroucée,
Seulette suis en langueur malaisée,
Seulette suis plus que nul égarée,
Seulette suis, sans ami demeurée.

Seulette suis à porte ou à fenêtre,
Seulette suis en un anglet cachée,
Seulette suis pour moi de pleurs repaître,
Seulette suis, dolente ou apaisée,
Seulette suis, rien n'est qui tant me siée,
Seulette suis en ma chambre enserrée,
Seulette suis, sans ami demeurée.

Seulette suis partout et en tout aître,
Seulette suis où que j'aille, où que siée,
Seulette suis plus qu'autre rien terrestre,
Seulette suis de charme délaissée,
Seulette suis durement abaissée,
Seulette suis souvent toute éplorée,
Seulette suis, sans ami demeurée.

Prince, or est ma douleur commencée :
Seulette suis, de tout deuil menacée,
Seulette suis, plus teinte que mûre
Seulette suis, sans ami demeurée.

RUTEBEUF

(1230 environ, 1285 environ)

La complainte Rutebeuf

Les maux ne savent seuls venir :
Tout ce qui pouvait m'advenir
Est advenu.
Que sont mes amis devenus,
Que j'avais de si près tenus
Et tant aimés ?
Je crois qu'ils sont trop clair semés :
Ils ne furent pas bien semés,
Point n'ont levé.
De tels amis m'ont bien trahi,
Que, tant que Dieu m'a assailli
De tous côtés,
N'en vis un seul en ma maison.
Le vent, je crois, les m'a ôtés :
L'amour est morte.
Ce sont amis que vent emporte,
Et il ventait devant ma porte :
Sont emportés.

TABLE

INDEX ALPHABETIQUE

REMERCIEMENTS

Nous remercions Messieurs les Auteurs et Editeurs qui nous ont autorisés à reproduire les textes ou fragments de texte dont ils conservent l'entier copyright, soit pour le texte intégral, soit pour la traduction.

Albin-Michel © réservé pour :
Francis Carco : « **L'ombre** » extrait de « **La Bohème et mon cœur** ».
Christian Bourgois © réservé pour :
Boris Vian : « **Y'a du soleil dans la rue** », extrait de « **Je voudrais pas crever** ».
Denoël © réservé pour :
Blaise Cendrars : « **Hôtel Notre-Dame** », extrait de « **Du monde entier au cœur du monde** ».
Fayard © réservé pour :
Flammarion © réservé pour :
Anna de Noailles : « **Si je n'aimais que toi** », extrait de « **Poèmes** ».
Pierre Reverdy : « **Cœur à cœur** » extrait de « **Plupart du temps** ».
Gallimard © réservé pour :
Guillaume Apollinaire : « **Le Pont Mirabeau** » et « **La traversée** », extraits des « **Œuvres poétiques** » (Bibliothèque de la Pléiade).
Louis Aragon : « **Cantique à Elsa** », extrait de « **Elsa** ».
Robert Desnos : « **Le Dernier Poème** », extrait de « **Domaine public** ».
Léon-Paul Fargue : « **Tremblement** », extrait de « **Poésies** ».
Max Jacob : « **Lune couleur de sang** », extrait de « **Miroirs infidèles** ».
Charles Péguy : « **Quatrains** », extrait de « **Poésies** ».
Jacques Prévert : « **Barbara** », extrait de « **Paroles** ».
Jules Supervieille : « **Nous sommes là** », extrait de « **Débarcadères** ».
Paul Valéry : « **La fileuse** », extrait de « **Poésies** ».
Grasset © réservé pour :
Rosemonde Gérard : « **Le dernier rendez-vous** », extrait de « **Poésies** ».

Anna de Noailles : « **Si l'on songe** » extrait de « **L'Honneur de souffrir** ».

Le Mercure de France © réservé pour :

Henri de Régnier : « **Odelette** », extrait de « **Les Jeux rustiques et divins** ».

Francis Jammes : « **Il va neiger** », extrait de « **De l'angélus de l'aube à l'angélus du soir** ».

« **J'aime dans les temps Clara d'Ellebeuse** », extrait du même livre.

Jean Moréas : « **Quand reviendra l'automne** » extrait de « **Stances** » et « **Remembrances** », extrait de « **Les Syrtes** ».

Albert Samain : « **Mon enfance captive** » extrait du « **Chariot d'or** », « **Il est d'étranges soirs** » et « **Automne** », extraits d' « **Au jardin de l'infante** ».

Emile Verhaeren : « **Février, les Pauvres** », extrait de « **Les Douze Mois** ».

Saint-Germain-des-Prés © réservé pour :

Alain Borne : « **Complainte III** » et «**Penser à toi** » extraits de « **Complainte** ».

Jean Cocteau : « **Posthume** », extrait de « **Faire-part** ».

Seghers © réservé pour :

Charles Vildrac : « **Si l'on gardait** », extrait de « **Le livre d'amour** ».

Paul Eluard : « **Pour les limites du malheur** », « **Dorée** » et « **Ma mort vivante** », poèmes extraits de « **Derniers poèmes d'amour** ».

René Guy Cadou : « **Je t'attendais ainsi qu'on attend les navires** », extrait de « **Poésie la vie entière** ».

Max-Pol Fouchet : « **La mer intérieure** », extrait des « **Poètes d'Aujourd'hui** », n°106.

Stock © réservé pour :

Paul Géraldy : « **Tristesse** », extrait de « **Toi et moi** ».

Marie Noël : extrait de «**Vision** », paru dans « **Les Chansons et les heures** ».

Malgré nos efforts, nous n'avons pu identifier les ayants droit de certains textes. Nous les prions de bien vouloir prendre contact avec nous, afin que nous puissions combler des lacunes dont nous les prions de nous excuser.

CHEZ LE MÊME ÉDITEUR
COLLECTION ESPACES

(Anthologies de poésie)

La Rose
choix de poèmes d'Eugène Beaumont
et Marie Letourneur

Les Cent plus beaux poèmes du monde,
Choisis par Alain Bosquet

Les Nouveaux Poètes maudits
choisis par Alain Breton,
préface de A. Pieyre de Mandiargues

Les Cent plus beaux cris de femmes
recueillis par Régine Deforges

Les plus beaux poèmes du Voyage
choisis par Gilbert Trigano

Les plus belles déclarations d'amour
choisies par Philippe Héraclès

Le Père et l'enfant
choix de Jean-Paul Klée,

Cent poèmes pour la paix
choisis par René Maltête,
préface de Bernard Clavel

Les plus beaux poèmes
du bonheur
choisis par
André Giovanni

Les poètes de la revue « Fontaine »
par Max-Pol Fouchet

Cent poètes pour jeunes d'aujourd'hui
choisis par Jean Orizet,
préface de Robert Sabatier

L'Europe des poètes
un livre de références indispensables
sur la réalité culturelle de l'Europe
à travers 30 siècles et 36 nations.
Elisabeth de Zagon présente 339 poèmes
dans leurs langues originelles
avec traduction française
(coédition Seghers/Le Cherche Midi éditeur)

Les plus beaux poèmes pour les enfants
choix de Jean Orizet

Cent poèmes pour chanter Noël

Les cent plus beaux textes sur le vin
choisis par Louis et Jean Orizet

Cent poèmes pour la liberté
en collaboration avec Amnesty International
choisis par Ahmed ben Othman
et Jean-Pierre Darmon

Les cent plus beaux sonnets
choisis par Marie Letourneur

La poésie comique
des origines à nos jours
choisie par Jean Breton,
Claude Michel Cluny et Jean Orizet

Cent poèmes contre le racisme
en collaboration avec la Ligue des Droits de l'Homme
choisis par Claire Etcherelli,
Gilles Manceron, Bernard Wallon
préface de Elie Wiesel

Cent poèmes contre la misère
choisis pour l'abbé Pierre

Les cent plus beaux poèmes
de la langue française
choisis par Jean Orizet

Cet ouvrage a été réalisé par la
SOCIÉTÉ NOUVELLE FIRMIN-DIDOT
Mesnil-sur-l'Estrée
pour le compte du Cherche Midi éditeur
en août 1990

Imprimé en France
Dépôt légal : août 1990
Numéro d'impression : 15490
Numéro d'éditeur : 27
ISBN 2-86274-027-6